Gertrud Storm

Theodor Storm: Ein Bild seines Lebens
Band 1

Storm, Gertrud: Theodor Storm: Ein Bild seines Lebens. Band 1.
Jugendzeit
Hamburg, SEVERUS Verlag 2015

ISBN: 978-3-86347-625-0
Druck: SEVERUS Verlag, Hamburg, 2015
Nachdruck der Originalausgabe von 1912

Der SEVERUS Verlag ist ein Imprint der Diplomica Verlag GmbH.

Bibliografische Information der Deutschen Nationalbibliothek:
Die Deutsche Nationalbibliothek verzeichnet diese Publikation in der
Deutschen Nationalbibliografie; detaillierte bibliografische Daten sind im
Internet über http://dnb.d-nb.de abrufbar.

© SEVERUS Verlag
http://www.severus-verlag.de, Hamburg 2015
Printed in Germany
Alle Rechte vorbehalten.

Der SEVERUS Verlag übernimmt keine juristische Verantwortung oder
irgendeine Haftung für evtl. fehlerhafte Angaben und deren Folgen.

Theodor Storm

Ein Bild seines Lebens

Von

Gertrud Storm

✻

Jugendzeit

Mit neun Abbildungen

Theodor Storm
1879

Vorrede.

Veröffentlichungen über das persönliche Leben meines Vaters, die manche Irrtümer enthielten, regten in mir den Wunsch, ja die Sehnsucht an, ein möglichst getreues Bild seines Lebens zu schreiben. Obgleich ich bei meines Vaters Tode noch jung war, habe ich ihm doch infolge meiner Neigungen und Interessen im Leben besonders nahegestanden, ich habe mit ihm gelesen und gearbeitet. So habe ich nach bestem Wissen und Können ein Lebensbild des geliebten Vaters zu entwerfen versucht.

Manche Fehler mögen in der Arbeit enthalten sein, denn der größte Teil seines Daseins war verflossen, ehe ich, das letzte Kind Frau Constanzes, zum rechten Bewußtsein des Lebens erwachte. Material war für meine Arbeit verhältnismäßig wenig vorhanden. Auch die Quelle mündlicher Überlieferung floß nur spärlich, weil fast alle, die einst mit meinem Vater jung waren, gleich ihm jenes Land aufgesucht hatten, aus dem kein Wanderer wiederkehrt.

Nach Beendigung des Schimmelreiters begann mein Vater in den letzten Lebensmonaten die Geschichte seines Lebens niederzuschreiben. Er ist aber über den Anfang[1]) nicht hinausgekommen, weil ungesehen nahte, was ihm die Feder aus den Fingern nahm. Unter seinem Nachlasse fand ich Skizzen von einzelnen gewichtigen Persönlichkeiten und Husumer Originalen, die von seinen Kindheitserinnerungen unzertrennlich waren. Da er sie in seiner Lebensbeschreibung verwerten wollte, so habe ich sie in meine Arbeit aufgenommen. Um lebendiger zu wirken, habe ich meinen Vater, soviel ich vermochte, selbst erzählen lassen.

Zum siebzigsten Geburtstage des Dichters (14. 9. 1887) erschien Dr. Paul Schützes verdienstvolles Werk „Theodor Storm, sein Leben und seine Dichtung". Schütze gehörte zu den jungen Freunden meines Vaters und war ein oft und gern gesehener Gast im Dichterhause zu Hademarschen. Sein Buch erscheint deshalb wertvoll, weil es im Manuskripte von meinem Vater durchgesehen und gebilligt war. Auch gab er dem Verfasser manchen Wink und Rat für seine Arbeit.

Der Schwerpunkt des Schützeschen Buches liegt in seinem literarischen Teile, während in meiner Arbeit das Persönliche vorwiegt und dem Menschen nur bisweilen der Dichter Theodor Storm über die Schulter sieht. Beide Lebensbeschreibungen können daher nebeneinander, die eine als Ergänzung der anderen, bestehen.

„Zu meinem siebzigsten Geburtstage," beginnt der

---

[1]) Als „Nachgelassene Blätter von Theodor Storm" im November 1888 in der Deutschen Rundschau veröffentlicht.

Dichter seine Aufzeichnungen aus der Jugendzeit, „wurde mir von meinem Verleger, Herrn Elwin Paetel, auf kunstreichem Blumenkissen ein Gedenkbuch überreicht, das als Titel meinen Namen trug; darunter: ‚Sein Leben und seine Dichtung von Dr. Paul Schütze.' Der Verfasser, mein junger Freund, konnte nicht dabei sein; ein Blutsturz hatte ihn wenige Tage vorher aufs Krankenbett geworfen und zwei Tage nach meinem Feste starb er an einer Wiederholung dieses Übels. Ein tiefer Schatten ist über den frohen Tag gefallen und die Hoffnungen, die wir an dies zu früh geschlossene Leben knüpften, sind erloschen; sein liebenswürdiges Buch aber, das er uns gelassen, hat — wenigstens unter den Meinigen — schon jetzt seine Freunde gefunden; nur gegen den Titel erhob mein, den Jahren nach, ältester Freund einen bescheidenen Protest: ‚Th. St. in seiner Dichtung,' schrieb er mir, ‚hätte es heißen müssen; denn von Deinem Leben hätte ich daraus doch gern mehr erfahren.'

Dies Wort ist für mich Veranlassung geworden, die bereits seit einigen Jahren von mir begonnenen Aufzeichnungen über meine Jugendzeit wieder aufzunehmen, von denen ich den ersten Teil hier folgen lasse; denn meinem Freunde wie mir dürfte das Ziel des Lebens nicht mehr zu ferne stehen."

Im Mai 1888 wurden diese Zeilen geschrieben und schon am 4. Juli hatte das Dichterherz zu schlagen aufgehört.

Was der Dichter beabsichtigte, habe ich, seine Tochter, auszuführen versucht. Diese Blätter sind mit liebendem Herzen geschrieben. Ich übergebe sie in der Hoffnung auf eine freundliche Aufnahme der Öffentlichkeit und damit allen treuen Freunden der Dichtungen meines unvergeßlichen Vaters.

Zum Schlusse genüge ich mit Freuden der Pflicht, zu danken. In erster Linie gilt mein Dank dem Herrn Major Victor von Lind in Eutin, der mit Liebe und Verständnis für den Dichter und Menschen Theodor Storm seine Zeit und Arbeitskraft in meinen Dienst stellte. Ich danke Fräulein Laura Brinkmann in Flensburg dafür, daß sie mir die Briefe meines Vaters an ihre Eltern bereitwillig überließ. Dankbaren Herzens gedenke ich ferner des Herrn Professors Dr. von Fischer-Benzon in Kiel und des Herrn Gymnasialdirektors Dr. Reuter in Lübeck, die mir mit Rat und Tat freundlich zur Seite standen.

Varel, den 8. Januar 1911.

Gertrud Storm.

Vorbemerkung.

Die Anführungen aus Theodor Storms Schriften sind nach der achtbändigen Gesamtausgabe, der sogenannten Volksausgabe, gemacht.

Inhalt.

		Seite
I.	Herkunft und Geburt	13
II.	Husum	26
III.	Westermühlen und Hohn	74
IV.	Schule	84
V.	Lübeck	101
VI.	Student 1837 bis 1842	131
VII.	Die Jahre 1842 bis 1846	158
VIII.	Die Jahre 1847 bis 1853	187

Beilage 1: Theodor Storms Stammbaum.

I.
Herkunft und Geburt

Hans Theodor Woldsen Storm[1]) wurde am 14. September 1817 als ältester von mehreren Geschwistern in Husum geboren, wo sein Vater Johann Casimir Storm als besonders geachteter Rechtsanwalt in voller Tätigkeit lebte. Dieser war ein warmherziger, phantasievoller Mann und ein großer Naturschwärmer. Sein weiches, reiches Herz verbarg er unter Schroffheiten. Der Dichter sagt von ihm[2]):

„Er liebt uns sehr und hat uns und seiner sehr geliebten Frau doch oftmals wehe getan."

In ewig entsagungsvoller Arbeit erblickte er die Aufgabe des Mannes. Im Verkehr fehlte ihm die Leichtigkeit, auch besaß er keinen Sinn für die kleinen Freuden des Lebens und für Humor, diesen Tröster in der Not. Er war, wie er scherzend oft selbst sagte: „een Westermöhlener Buerjung".

Johann Casimir wurde am 26. April 1790 als viertes Kind dem Erbpachtmüller Hans Storm zu

---

[1]) Bezüglich Storms Abstammung vgl. den in Beilage 1 enthaltenen Stammbaum.

[2]) Brief Storms an Emil Kuh vom 13. 8. 1873.

Westermühlen im Kreise Rendsburg geboren. Hans Storm war ein kluger, unterrichteter Mann, der sich in seiner freien Zeit gerne mit Astronomie beschäftigte. Seine Wind- und Wassermühle lag etwa 10 Kilometer südwestlich von Rendsburg in dem kleinen, heimeligen und seitab unter Bäumen versteckten Dorfe Westermühlen.

Seine Mutter Brigitta Cäcilia war die Tochter des im benachbarten Kirchdorfe Hohn seit 1754 angestellten Pastors Johann Casimir Claus. Einer Sage nach soll Pastor Claus ein eingewanderter Pole gewesen sein, der sich durch Ablegung der theologischen Prüfungen Heimatsrecht erworben habe. Einst, so erzählt man, hätten ihn zwei polnische Offiziere besucht, die sich durch unmäßiges Trinken auszeichneten. Im Dorfe verbreitete sich das Gerücht, diese seien des Pastors Brüder gewesen.

Theodor Storm schreibt über Pastor Claus[1]):

„Mein Vater ist als Knabe oft Sonnabend nachmittags zu ihm gegangen; dann sind sie zusammen auf die Froschjagd gezogen und haben abends gebratene Froschschenkel gegessen. Weither muß mein alter Urgroßvater jedenfalls gewesen sein; denn hier im Lande der gebratenen Rinder schaudert man vor solchem Gericht."

Johann Casimir Claus war jedoch kein eingewanderter Pole, sondern der am 21. Oktober 1729 geborene Sohn des Lizentiat-Adjunkten, späteren Amts-

---

[1]) Brief Storms an Emil Kuh vom 13. 8. 1873.

einnehmers Ernst Rudolf Claus zu Moringen in Hannover.

Dem Mannesstamme nach ist der Dichter, wie auch sein Familienname, niederdeutschen Ursprungs. Westermühlen, wo die Storms durch viele Generationen Erbpachtmüller waren, ist ein niedersächsisches Dorf. Der weiblichen Abstammung nach — seine Mutter war Lucie Woldsen — ist Storm ein Friese. Der erste zu ermittelnde Vorfahr der Woldsens war Woldt Nommersen, der im Kirchdorfe Padelack in der Südermarsch, 3 Kilometer südwestlich von Husum, wohnte, wo heute die Padelacker Hallig liegt. Von der großen Sturmflut im Jahre 1634 wurde das Dorf verschlungen und Woldt Nommersen ging wahrscheinlich nach dem unmittelbar südlich von Husum gelegenen Dorfe Rödemis. Sein Sohn Ingwer oder Ingward Woldsen war dann Verwalter des herzoglichen Gutes Arlewatt im Amte Husum. Von dort kamen zwei Brüder, Christian Albrecht und August Friedrich, nach Husum. Ersterer war der Vorfahr von Lucie Woldsen. Des Dichters Großmutter mütterlicherseits, deren erster nachweisbarer Ahn der aus der Reformationszeit bekannte Kanzler Christian Beyer[1]) gewesen ist, war eine geborene Feddersen, mithin eine Friesin. Ihr Vater war der Husumer Kaufmann und Ratsverwandte — Senator — Jochim Christian Feddersen.

Johann Casimir Storm und seine Mutter verband

---

[1]) Beyer, Kanzler der Kurfürsten Johann und Johann Friedrich von Sachsen, verlas auf dem Reichstage zu Augsburg am 25. 6. 1530 die Augsburgische Konfession.

eine tiefe, starke Liebe, so daß er oft, schon ein alter Mann, die Arme in die leere Luft ausstreckte und bewegt ausrief: „O meine süße Mutter!"

In der Dämmerung der Winterabende, wenn ihm nach des Tages Last und Arbeit das Herz so recht aufging, erzählte er seinen Kindern und später seinen Enkeln von seiner durch die Sonne der Erinnerung hell bestrahlten Kindheit. Von seinen Eltern, besonders von seiner Mutter und seiner Lieblingsschwester Gretchen, die ihm einst als Knaben das Leben rettete, berichtete er gern.

An einem schneeglitzernden Wintermorgen ist es gewesen auf dem Wege zur Schule, den der Knabe jeden Morgen mit seiner Schwester und mehreren kleinen Mädchen nach dem benachbarten Dorfe Elsdorf zurücklegte. Der Mühlenteich war in diesem Winter zum ersten Male zugefroren und es lockte, den kleinen Umweg über den Teich zu machen. Nur zögernd betraten die Kinder das Eis, aber es hielt und nun ging es jubelnd vorwärts. Da plötzlich verschwand der kleine Johann Casimir vor den entsetzten Schwesteraugen. Entschlossen befiehlt sie ihren kleinen Freundinnen, eine Kette zu bilden, indem eine immer den Rock der anderen faßte. Gretchen als die vorderste ergriff den Bruder bei den Händen, und dann, alle nach rückwärts ziehend, brachten sie ihn glücklich ans Land. Seit diesem Tage verband ein festes Band der Liebe beide Geschwister. Gretchen heiratete später den Bauernvogt Hans Carstens in Hamdorf. Bruder und Schwester sahen sich dann nur noch selten.

Friederich Woldsen

Aber einmal noch, als der junge Johann Casimir längst „de ole Storm" geworden war, kehrte er zur Feier seiner goldenen Hochzeit mit seiner Frau und zwei Söhnen in die Heimat zurück, hauptsächlich, um seine alte, fast erblindete Schwester Gretchen wiederzusehen. Da saßen sich die beiden alten Geschwister gegenüber und tauschten Kindheitserinnerungen aus. Sie strich ihm sanft über die Hände und betastete liebkosend sein Gesicht, indem sie in Erinnerung an lange vergangene Zeiten: „Min lütt' Cas" dabei murmelte.

Der Dichter schreibt über dieses Wiedersehen, bei dem er zugegen war[1]):

„Am großen Kaffeetische saßen sie Hand in Hand. Die alte Schwester, die er in sieben Jahren nicht gesehen, war halb erblindet. ‚Weetst noch, Gretjen?' fragte er, und dann kam eine alte Jugendgeschichte. ‚Ja, Cas, wo schull man dat vergäten!' war dann die Antwort."

Begierig lauschten später die Enkel den Erzählungen des Großvaters. Wie wußte der Alte zu erzählen! Tief in den behaglichen Lehnstuhl zurückgelehnt redete er bei geschlossenen Augen mit leiser Stimme, die halb wie im Traum an das Ohr der Zuhörer drang. Von Zeit zu Zeit schlürfte er mit Behagen von dem alten Rotwein, der im Glase vor ihm funkelte. Er erzählte, wie er barfuß über die Felder und die im Frühling überschwemmten Wiesen gelaufen sei. Sein Vater hatte, wie noch heute die Müller von Westermühlen, zum Verdrusse der anderen Bauern die Gerechtsame vom 1. Oktober bis zum 15. Mai die

---

[1]) Brief Storms an Emil Kuh vom 13. 8. 1873.

Wiesen unter Wasser zu setzen. Er berichtete, wie er im Bache die Fische mit den Händen gefangen und im Herbste auf dem Wege zur Schule, der durch ein Gehölz führte, Schlingen zum Fange der Krammets= vögel aufstellte. Seines Vaters Knecht verkaufte dann die Vögel in Rendsburg, wenn er mit Mehlsäcken dorthin fuhr. Damit habe er sich ein kleines Kapital gesammelt. Wenn er mitteilte, daß er niemals eine Mütze getragen habe, so pflegte er hinzuzufügen: „Da= von habe ich heute noch mein dichtes, braunes Haar." In den letzten Lebensjahren fielen ihm seine langen, immer noch braunen Haare wie ein Schleier über das Gesicht, hinter dem man seine grauen Augen blitzen sah. Mitunter, wenn auch vergeblich, bemühte er sich, die Haare zurückzustreichen, so daß seine hohe, edle Stirn sichtbar wurde.

Wenn der alte Mann abends aus seinem Kontor kam und sich zum Abendessen in die Wohnstube begab, sagte er wohl mit einem schelmischen Ausdrucke in den Augen zu seinen Kindern und Enkeln: „Kinder, bemerkt ihr nichts?" Wenn diese verneinten, so sagte er, er habe sich ja die Haare schneiden lassen. Dann waren diese um eines Fingers Breite gekürzt worden, denn zu mehr konnte er sich nicht entschließen.

Er pflegte seine Erzählungen mit einem schroffen: „Gute Nacht!" abzubrechen, indem er gleichzeitig seinen Stuhl zurückschob. Ein großer, schwarzer Kater, der sich nur von seinem alten Herrn streicheln ließ, um= strich schnurrend seine Beine und verließ dann, den Schwanz hoch erhoben, mit ihm das Zimmer.

Als er vierzehn Jahre alt war, brachte ihn sein Vater nach Rendsburg auf das zu der Zeit nur vierklassige Gymnasium. Seine Füße mußten sich dort an Strümpfe und Schuhe gewöhnen, eine Mütze mußte er dulden und städtische Kleider tragen, die, vom Dorfschneider angefertigt, dennoch den „Westermöhlener Buerjung" verrieten. Er hatte deswegen von den Stadtjungen viele Neckereien zu erdulden, deren er sich nicht zu erwehren vermochte. In den Unterrichtspausen ergriffen ihn seine Kameraden und trugen ihn auf ihren Armen auf dem Schulhofe umher, indem sie dazu „Gott's Wurd von Lannen" sangen. Da nahm Hans Storm seinen Sohn von dort fort und brachte ihn aufs Gymnasium nach Husum, wo er sich besser zurechtfand. Eine besondere Freundschaft schloß er hier mit Ernst Esmarch, dem Sohne des Zollverwalters Esmarch in Rendsburg, der in jungen Jahren als Göttinger Student Mitglied des Hainbundes gewesen war. Diese Freundschaft vertiefte sich noch, als sie später zwei Schwestern, Lucie und Elsabe Woldsen, heirateten.

Nach beendeter Schulzeit bezog der junge Storm die Universität Heidelberg, wo er als Student der Rechte zu des alten Thibaut Füßen saß. Auch wurde er hier mit ihm befreundeten Söhnen eines Hainbundmitgliedes mitunter von dem alten Johann Heinrich Voß empfangen[1]). Dieser kam ihnen dann im Rebgange seines Hauses im Schlafrocke und mit einer

---

[1]) Meine Erinnerungen an Eduard Mörike, Band 8, Seite 178.

spitzen Schlafmütze, seine lange Pfeife rauchend, entgegen. Voß war nach Johann Casimirs Ansicht ein etwas griesgrämiger Herr. Nach Vollendung seiner Studien in Kiel und Ablegung der Staatsprüfung kehrte der junge Storm 1814 als Gerichtssekretär des Amtmannes von Levetzow nach Husum zurück.

Damals herrschte ein reges gesellschaftliches Leben in der kleinen Küstenstadt. Hierbei kam der junge Sekretär auch in das Haus des Kaufherrn und Senators Simon Woldsen. Dieser sowie seine Vorfahren gehörten dem Patriziat von Husum an, aus dem Jahrhunderte hindurch die bedeutenden Kaufherren, Bürgermeister und Syndici der Stadt hervorgegangen waren.

Der Dichter selbst schreibt über sie[1]):

„Es waren angesehene und wohldenkende Männer, die im Laufe der Zeit ihre Kraft und ihr Vermögen auf mannigfache Weise ihren Mitbürgern zugute kommen ließen. So waren sie wurzelfest geworden in der Heimat. Noch in meiner Knabenzeit gab es unter den tüchtigeren Handwerkern fast keine Familie, wo nicht von den Voreltern oder Eltern eines in den Diensten der Unserigen gestanden hätte, sei es auf den Schiffen oder in den Fabriken oder auch im Hause selbst. Es waren Verhältnisse des gegenseitigen Vertrauens; jeder rühmte sich des andern und suchte sich des andern wert zu zeigen; wie ein Erbe ließen es die Eltern ihren Kindern; sie kannten sich alle über Geburt und Tod hinaus, denn sie kannten Art und

---

[1]) Unter dem Tannenbaum, Band 1, Seite 197/198.

Geschlecht der Jungen, die geboren wurden, und der Alten, die vor ihnen dagewesen waren."

Der Senator Simon Woldsen hatte keine Söhne mehr. Diese hatten sich alle noch in den Kinderjahren der stillen Gesellschaft in der alten Familiengruft auf dem St.-Jürgen-Kirchhofe zugesellen müssen. Aber drei Töchter: Magdalena, Elsabe und Lucie, erfüllten mit dem Sonnenschein ihrer Schönheit und der Anmut ihres Wesens das geräumige Haus, welches der Vater Friedrich Woldsen einst für seinen Sohn Simon hatte bauen lassen, während dieser zu seiner kaufmännischen Ausbildung die Handelsstädte Frankreichs bereiste. Lucie mit den schönen, leuchtend blauen Augen und dem feinen Profil, von der später der Dichter Eduard Mörike sagte, sie habe so etwas Klares, Leuchtendes, Liebe Erweckendes, schenkte dem jungen Johann Casimir ihr Herz. Er kaufte sich eins der alten Treppengiebelhäuser, die den Markt umgaben, und ließ sich als Advokat in Husum nieder.

Sein ältester Sohn schreibt über ihn und die damalige Zeit[1]:

„Er ist ein Mann ohne alle Selbstsucht, als Advokat — er war namentlich in Administrativsachen von Bedeutung — von einer keuschen Ehrenhaftigkeit; kein gelehrter Jurist, aber berühmt wegen seiner klaren Auffassung der Sachlage. Im ganzen Lande war er hochgeachtet und geschätzt; er hatte wirkliche Freunde in allen Schichten. Als bei einer Inselreise ein alter

---

[1] Brief Storms an Emil Kuh vom 13. 8. 1873.

Schiffer mich auf seinem Rücken an den Strand trug, sagte er zu mir: ‚Von Sin Ole (so sagte der Mann) sprikt man ok Gudes, wenn man nich vör em steit.' Außer seinen Geschäften, von denen noch jetzt in seinem vierundachtzigsten Lebensjahre er nur einen Teil aufgegeben hat, beschäftigt er sich wesentlich in puncto Lektüre mit politischen und historischen Schriften — wofür mir leider der Sinn abgeht. In Husum stand durch mehrere vor ihm dagewesene treffliche Leute der Advokatenstand schon in Ehren, er hat durch ein langes Leben wesentlich dazu beigetragen; in gewissem Sinne kann ich sagen, daß er in der kräftigen Zeit seines Wirkens der angesehenste Mann in Stadt und Land war. ‚De ole Storm' — das Wort wurde mit einer gewissen Ehrerbietung ausgesprochen.

Viele Leute verdankten seinem Rat und seiner Tat ihre ganze Existenz in den Jahren — die zwanziger und dreißiger Jahre —, als der Wert des Grundbesitzes oft auf Null gesunken war."

Johann Casimir gehörte von 1831 bis 1848 der schleswigschen Ständeversammlung als Vertreter des Amtes Husum an. Hier war es, wo er im Frühjahre 1846, als der dänische Ständeabgeordnete Lorenzen Gleichberechtigung für die deutsche und dänische Sprache forderte, seine deutsche Gesinnung dadurch bewies, daß er aufstand und den Saal verließ. Hierauf anspielend, sagte König Christian VIII. bei seiner Anwesenheit in Husum zu Storm, der ihm seine schuldige Aufwartung als Danebrogritter machte: „Es hat mit Storm begonnen und wird mit Sturm enden."

Gelegentlich der Feier seiner silbernen Hochzeit brachten ihm die dankbaren Landleute des Amtes Husum einen Fackelzug und schenkten ihm zwei silberne Armleuchter. Auch bei seiner goldenen Hochzeit gaben sie ihrer Verehrung durch Überreichung zweier geschnitzter Lehnstühle Ausdruck.

An äußeren Ehren fehlte es ihm ebenfalls nicht. Der König von Dänemark machte ihn 1840 zum Ritter des Danebrogordens, und der König von Preußen verlieh ihm 1869 den Titel Justizrat sowie 1873 den Roten Adlerorden 3. Klasse.

Am 29. Mai 1816, einem sonnigen Tage, führte der Advokat Storm seine junge, erst achtzehnjährige Frau in das stattlich eingerichtete neue Heim am Markte. Die Rosen begannen zu blühen, vielleicht weilte auch gar Frau Nachtigall zu flüchtigem Besuche in der meerumrauschten Stadt und sang dem jungen Ehepaare ihre Liebesklage ins Herz.

Fast ein Menschenalter hindurch haben sie viel schweres Leid, aber auch manche lichte Freude zusammen getragen. Im zweiten Jahre ihrer Ehe, zur Zeit der Heideblüte, legte man der jungen Mutter ihr erstes Kind, einen Sohn, in den Arm.

In nachgelassenen Aufzeichnungen erzählt uns der Dichter:

„In der Mitternachtsstunde zwischen dem 14. und 15. September 1817 war ein stark Gewitter über Husum; trotzdem lag irgendwo in der Gasse auf irgendeines Bürgers Kellerluke der junge Advokat Johann

Cafimir Storm in einer Angst, mit der er sich nicht zu helfen wußte; denn sein schönes, junges Weib lag daheim in Geburtsschmerzen, von jeder Art hilfreicher Hände umgeben, die er durch die seinen zu vermehren nicht imstande war. Von den verschiedenen Arten Mutes besaß er diesen nicht. Das war meine Geburtsstunde. Das Kirchenbuch und meine Mutter streiten sich, ob sie in den 14. oder 15. September gefallen sei; meine Mutter behauptete, sie müßte es doch am besten wissen, energisch den 14.; und ich glaube ihr mehr als dem alten Propst, der in seinen Konfirmationsstunden die Bescheidenheit dadurch illustrierte, daß man bei Kaffeevisiten nicht das 6. Stück Zucker in seine Tasse tue.

Wann oder wie das ‚Ich‘ in mir zum Bewußtsein kam, darüber weiß ich so wenig wie andere zu berichten. Meine erste Erinnerung mag sein, die mir dann und wann noch wie ein dunkles Bild aufsteigt, daß ich einmal nachts mit meinem Vater in einem Himmelbette geschlafen, daß er mich — was sonst nicht in seiner Art lag — dabei zärtlich umarmt, daß ich mich aber vor der Bettquaste über mir gefürchtet habe. Es war das erstemal, daß mich das Grauen berührte. Das Bett stand in dem schönen, hohen, mit Stuckwänden und solchen Decken versehenen Saal, dessen zwei Fenster nach dem Garten hinaus lagen; und zwar an der rechten Seite. Es müßte etwa bei oder nach der Geburt der um $2^{1}/_{4}$ Jahre jüngeren, vor über einem Menschenalter schon verstorbenen Schwester gewesen sein. Aber weder Vater noch Mutter haben es mir, wenn ich darum fragte, später zu bestätigen vermocht. Doch, was ist es denn gewesen? —

Bestimmt aber sehe ich mich in der Wochenstube an einem Tischchen dem Bette meiner Mutter gegenübersitzen und eine Hagebuttensuppe mit den Früchten auslöffeln, welche ihr von der Urgroßmutter, der Senatorin Fedderſen, geschickt war. Ich weiß, daß derselbe Tisch jetzt nachts vor meinem Bette steht."

Da der männliche Zweig der Familie Woldsen ausgestorben war, so wurde der Knabe „Woldsen" Storm getauft, dann wie alle Erstgeborenen in der Familie Storm „Hans" vor dem „Theodor". Dieser, sein Rufname, soll lediglich seiner Zierlichkeit wegen aus dem Kalender ausgesucht worden sein.

II.
Husum

Fast alle Dichtungen Theodor Storms wurzeln in der Heimat. Persönliche Eindrücke aus seiner Kindheit, die Örtlichkeiten der Heimat, Erinnerungen aus den frühesten Knabenjahren, Selbsterlebtes sowie Erzählungen seiner alten Großmutter Woldsen und seiner treuen Freundin Lena Wies gaben ihm den Stoff zu seinen Dichtungen. Daher will ich, ehe ich von seinem Leben zu erzählen beginne, versuchen, dem Leser ein Bild dieser Heimat zu geben. Ich will ihn in die „graue Stadt am Meer" führen, um ihm die alten Familienhäuser zu zeigen, in denen die Kindheitserinnerungen des Dichters liegen.

Einst war Husum eine blühende Handelsstadt, die sogar Hamburgs Eifersucht erregte. Fast der ganze Verkehr zwischen Nord- und Ostsee ging im 14. und 15. Jahrhundert, auch noch im Anfange des 16. über Husum. In einem Freiheitsbriefe für Amsterdam aus dem Jahre 1461 wird der Weg von Husum nach Flensburg als der gewöhnliche zwischen Nord- und Ostsee bezeichnet. Die Schiffahrt war in dieser Zeit nicht unbedeutend. Besaß doch Husum 30 bis 40 große Schiffe, der kleineren Fahrzeuge nicht zu gedenken.

Im Anfange des 19. Jahrhunderts litt ganz Europa infolge der Kriege Napoleons I. an einem wirtschaftlichen Tiefstande. Durch die Parteinahme Dänemarks für Frankreich wurde auch Schleswig-Holstein, das politisch, wenn auch nur lose, mit Dänemark verbunden war, stark in Mitleidenschaft gezogen. Die Zeiten waren so schlecht, daß besonders in den Jahren 1820 bis 1830 viele Eigentümer Haus und Hof verließen, weil sie die hohen Abgaben nicht herauszuwirtschaften vermochten. So kam es auch, daß die im Jahre 1807 abgerissene alte Husumer Marienkirche erst nach 20 Jahren durch eine neue ersetzt wurde. Ganz allmählich hob sich der Wohlstand wieder und nahm erst dann einen Aufschwung, als Kunststraßen und Eisenbahnen erbaut und Dampfschiffslinien zur Verbindung der Küstenstädte eingerichtet wurden.

Zur Jugendzeit des Dichters war Husum gegen das Hochwasser der Nordsee noch nicht geschützt. Dieses konnte ungehindert in die Stadt eindringen und die niedriggelegenen Straßen am Hafen, in denen die Hauptgeschäftshäuser lagen, überfluten. Dort hatte man die Gebäude durch eine besondere Vorrichtung gegen die sich oft wiederholenden Sturmfluten geschützt. Es waren nämlich an Türen und Fenstern Falze angebracht, in die bei drohendem Hochwasser Bohlen eingeschoben wurden. Der zwischen diesen und den Türen und Fenstern gebliebene Raum wurde dann mit Dünger und Sandsäcken ausgefüllt. Seit 1857 werden die Sturmfluten von der Stadt durch eine Deichanlage ferngehalten. In diese ist eine Schleuse eingebaut, deren Tore geschlossen werden, wenn starker Nordwestwind eine hohe Flut vermuten läßt.

Der Dichter selbst schildert uns seinen Geburtsort mit wenigen, liebevollen Strichen[1]):

„Es ist nur ein schmuckloses Städtchen, meine Vaterstadt; sie liegt in einer baumlosen Küstenebene und ihre Häuser sind alt und finster. Dennoch habe ich sie immer für einen angenehmen Ort gehalten, und zwei den Menschen heilige Vögel scheinen diese Meinung zu teilen. Bei hoher Sommerluft schweben fortwährend Störche über der Stadt, die ihre Nester unten auf den Dächern haben; und wenn im April die ersten Lüfte aus dem Süden wehen, so bringen sie gewiß die Schwalben mit, und ein Nachbar sagt's dem andern, daß sie gekommen sind. Selten nur und zu flüchtigem Besuche kehrt Philomele bei uns ein; denn sie weiß es wohl, daß ihre Liebesklage von der großen Naturorgel verschlungen wird, die Boreas hier so meisterlich zu spielen versteht."

Husum liegt nicht unmittelbar an der Nordsee, sondern etwas landeinwärts an der Husumerau, einem Flüßchen, das aus Mühlenau und Mildau bei der Stadt zusammenfließt. Im Norden und Osten des Städtchens erstreckte sich eine weite Heide, die allmählich durch die steigende Kultur zurückgedrängt worden ist. Zur Knabenzeit des Dichters reichte sie bis dicht an die Stadt heran. Im Westen von Husum

---

[1]) In St. Jürgen, Band 2, Seite 3 und Zerstreute Kapitel: Heimkehr, Band 3, Seite 135.

liegt die Nordsee, im Süden die Marsch¹). Der Hafen wird durch Ablagerung des Schlicks immer seichter, so daß nur noch kleinere Fahrzeuge dort verkehren können zum großen Kummer der Husumer, den ihr verstorbener Bürgermeister Emanuel Gurlitt in dem humoristischen Verse ausdrückte:

„Wi harrn all lang en Weltverkehr,
Wenn he en beten natter wär."

Trotz des schmalen und zur Ebbezeit fast trockenen Hafens ist die Wattenschiffahrt von Husum aus nicht unbedeutend.

Die Zeit, in welcher Storm geboren wurde²), war nüchtern und pietätlos, von allem Segen der Schönheit und Kunst verlassen. Die einst fast mit der Stadt zugleich entstandene, alte Marienkirche war wegen angeblicher Baufälligkeit im Jahre 1807 abgerissen worden, und doch mußten die starken Mauern gesprengt werden. Im Volksmunde lief damals der Spottvers um:

„De Tönninger Torn is hoch und spitz,
De Husumer Herrn hemm Verstand in de Müt'."

An Stelle der alten Kirche war ein geschmackloses Gebäude nach dem Muster der Frauenkirche in Kopenhagen errichtet worden, an dessen Eingangstüre die dazu passenden Reime:

„Hier ist Gottes Haus! Tritt ein,
Andachtsvoll doch mußt du sein!"

---

¹) Marsch, dem Meere abgewonnenes Land, dessen Boden der festgewordene Schlick, der graue Ton des Meeresbodens, bildet.
²) Zur folgenden Schilderung vergleiche Zerstreute Kapitel: Von heut' und ehedem, Staub und Plunder, Bd. 3, S. 176/177.

standen. Die Denkmäler und Kunstschätze der alten Kirche wurden auf Auktionen verkauft oder sonst zerstreut. Die schöne Kanzel war zertrümmert. Das weit berühmte Altarblatt war im Pesel einer Gesellenherberge allem Unfug preisgegeben, bis es schließlich in der Kirche zu Schwabstedt, einem Dorfe 7 Kilometer östlich von Friedrichsstadt, ein Unterkommen fand. Eine Monstranz von Hans Brüggemanns[1]) Hand ist spurlos verschwunden. Sie war aus in Öl gesottenem Eichenholz angefertigt und enthielt Darstellungen aus der biblischen Geschichte mit vielen schön geschnitzten Figuren. Nur ein Muttergottesbild war fast ein halbes Jahrhundert nach dem Abbruch der Kirche zwischen staubigem Gerümpel eines Hausbodens von einem kunstsinnigen Dänen aufgefunden und entführt worden. Von der alten sind in die neue Kirche nur der Taufstein und die Glocken übernommen worden. In der Novelle Renate[2]) führt uns der Dichter in die alte Kirche.

Im Norden der Stadt liegt das alte Schloß mit seinem baumreichen Garten, wo Storm als Kind am Schloßgraben Veilchen und auf den großen Rasenflächen unter dunklen Tannen Krokus pflückte. Herzog

---

[1]) Die Husumer (auch Storm) sonnten sich lange in dem Bewußtsein, der große Bildhauer und Maler Hans Brüggemann sei ein Kind ihrer Stadt. Nach den neusten Forschungen, deren Ergebnis Magnus Voß in seiner verdienstvollen „Chronik des Gasthauses zum Ritter St. Jürgen zu Husum" niedergelegt hat, steht jedoch fest, daß der Meister in Walsrode bei Verden an der Aller geboren ist.

[2]) Renate, Bd. 5, S. 8—10.

Adolf I. hat es zwischen 1577 und 1582 als Witwensitz für die Herzoginnen bauen lassen. Vorher stand an der Stelle ein Kloster der Bettelmönche. Diese schufen durch Zusammentragen der Ackerkrume den schönen Garten und legten zwei Fischteiche an. Als aber durch die kraftvollen Predigten des Reformators Hermann Tast das geläuterte Gotteswort in Husum Eingang fand, verloren die Mönche Ansehen und Einfluß. Die letzten flohen im Jahre 1527. Der König von Dänemark schenkte das Kloster der Stadt Husum, welche die Insassen des Gasthauses zum Ritter St. Jürgen darin unterbrachte. Das Gasthaus war ein Kranken- und Siechenhaus, von dem es in einer Urkunde heißt: „In Sankte Jürgen schall niemand wahnen sünder Prester und Arme, Gebrechhafte und Seeken." Es war mit reichem Eigentum versehen, das sich später durch große Vermächtnisse vermehrte. Noch heute bildet es für alte Menschen, die nach der Not des Lebens noch vor der ewigen Ruhe den Frieden suchen, einen gar behaglichen Aufenthaltsort[1]).

Bis zum Jahre 1571 blieben die Gasthausinsassen im Kloster und bezogen dann ihr inzwischen im Osterende neuerbautes Heim, das sogenannte „lange weiße Haus". An Stelle des Klosters wurde das Schloß errichtet. Einen besseren Platz dafür als inmitten der wohlgepflegten Klostergärten gab es nicht. Eine mit zwei steinernen Löwen verzierte Brücke führte über den Schloßgraben. Das Schloß wurde ein stattlicher Bau,

---

[1]) In St. Jürgen, Bd. 2, S. 4.

dessen sieben Türme, Giebel und Erker reichen Schmuck zeigten. Zwei Flügel und ein fensterreicher Gangbau mit einem prächtigen Tore umschlossen den Hof. Das Innere des Gebäudes war reich ausgestattet. Bilder und Wandgemälde, Fenster mit Glasmalereien, kunstvoll aus Sandstein und Alabaster gefertigte Kamine und Holzschnitzereien schmückten die fürstlichen Räume. In der Schloßkapelle befanden sich eine wertvolle Orgel und ein silberner Altar. Zwistigkeiten zwischen dem herzoglichen und königlichen Hause bewirkten eine Vernachlässigung des Baues und seiner Anlagen. Um 1750 war nur noch der Hauptbau, von den Türmen nur der Stumpf des großen Mittelturms übriggeblieben, und die Kunstschätze des Innern waren bis auf die Kamine verschwunden. Von ihnen sagt Professor Haupt: „Es gibt im Lande in dieser Weise nichts Schöneres, und wir erkennen, wie ungeheuer die Einbuße an sonstiger Ausstattung in diesem Schlosse gewesen sein muß." Als Johann Casimir Storm nach beendigtem Studium sich in Husum niederließ, war das Schloß der Sitz des Königlichen Landamtes.

Theodor Storm weiß von einem errötenden Bilde im Schlosse zu erzählen[1]):

„Der sogenannte Rittersaal des Husumer Schlosses war noch in meinen Knabenjahren dicht behangen mit den Porträten alter Ritter und Damen, meist in Lebensgröße. Jetzt sind die Bilder nach Kopenhagen geschafft. Darunter war das Bild eines Ritters, das

---

[1]) Aus nachgelassenen Aufzeichnungen Storms.

Das Woldsensche Haus in der Hohlen Gasse

mußte erröten, wenn man es ansah; wir machten uns als Knaben oft mit heimlichem Grauen dies Vergnügen."

Auch das stattliche großelterliche Haus¹) in der Hohlen Gasse hatte dieser nüchternen und pietätlosen Zeit seinen Tribut entrichten müssen. Die einst so behaglich in die Straße vorspringende Steintreppe war auf Anordnung der modernen Polizei verschnitten und verhunzt. Den hohen Giebel hatte der Großvater Simon Woldsen selbst herabnehmen lassen; die geschnörkelte Sandsteinbekrönung sollte das Dach zu schwer bedrückt haben.

Das vornehme Patrizierhaus kehrte der Straße eine breite Fassade zu. Kein düsterer Pesel, keine entlegenen Kammern befanden sich darin. Die Fenster gingen entweder auf die helle Straße oder hintenhinaus ins Grüne, auf den Hof und den danebenliegenden Garten. Auch die Räume der beiden unteren Hausböden empfingen ihr Licht durch stattliche Fensterreihen des Giebels. Wenn man aus der Hoftüre trat, so lagen rechts hinter dem Hause mehrere, jetzt leerstehende Gebäude, die zur Zuckerfabrik Simon Woldsens gehört hatten. Sie benutzten Storm und seine Kameraden später zu ihren Spielen. Zur Linken zog sich der höhergelegene Garten hin, der mit einer Mauer und darauf befindlichem Staket eingefriedigt war. Hohe Obstbäume ragten mit ihren Zweigen über den

---

¹) Bei der folgenden Schilderung sind aus den Zerstreuten Kapiteln: Von heut' und ehedem, In Großvaters Hause, Bd. 3, S. 169, und Staub und Plunder, Bd. 3, S. 176/177, benutzt.

darunterliegenden Steinhof, wo der kleine Theodor sich
später oft die beim Herabfallen zerplatzten Graben=
steiner sammelte. Eine Steintreppe führte zum Garten
hinauf. Hier stand gleich links ein Ahornbaum, der
mit seinen Zweigen ein zierliches Lusthaus beschattete
und mit der Krone das mächtige Dach des Hauses
überragte. In seiner Rinde konnten noch die Enkel=
kinder Johann Casimirs die vernarbten Anfangsbuch=
staben der Namen von Männern und Frauen lesen,
die lange vor ihnen gelebt, geliebt und gelitten hatten.
Allen aber hat Storm durch seine Werke ein ewiges
Leben gegeben. Im Garten waren noch die steifen,
geradlinigen, mit Buchsbaum eingefaßten Blumen=
rabatten, zwischen welchen sich ein breiter, mit weißen
Muscheln bestreuter Weg hinzog. Am Ende des
Gartens befand sich eine Lindenlaube. Davor standen
perennierende Gewächse, deren Blüten gelbe, lange
Staubfäden schmückten, auch solche mit rötlichen
Quästchen oder mit Blumen wie aus durchsichtigem
Papier geschnitten. Auf den Rabatten öffneten gelbe
und blutrote Nelken ihre Kelche der Sonne. Hier
stand, halb von Jasminsträuchern verborgen, ein aus
Holz geschnitztes Bildnis der Flora, das später auf
rätselhafte Weise aus dem Garten verschwand. Nach
vielen Jahren wurde es dem schon alternden Dichter
als Geburtstagsgeschenk von einem unbekannten Geber
wieder übersandt und hat noch lange im Hademarscher
Garten umrahmt von Tannen in mondhellen Nächten,
Menschen und Hunde erschreckt, denn dort geht noch in
Sommernächten die „weiße Frau" um.

Das Haus, in dem der kleine Theodor zum ersten Male seine blauen Augen dem Lichte der Sonne öffnete, steht noch heute am Marktplatze in Husum. Es wurde freilich im Laufe der Jahre völlig umgebaut. Nach den Erzählungen alter Leute soll es früher mit einem Überbau über dem Kellereingang versehen gewesen sein. Ein Bild des ursprünglichen Hauses ist leider nicht vorhanden.

Mitten auf dem Markte in einem alten, im Verfalle begriffenen Hause befand sich die Stadtwage. Auf dem leeren Platze dahinter stand früher die alte Marienkirche. An den Markttagen konnte man aus den kleinen Fenstern der Wohnstube auf ein buntes Gewühl blicken: auf Ostenfelderinnen mit ihren roten Jacken, Frauen von den Nordseeinseln mit ihren Kopftüchern und dem feinen, reichen Silberschmuck auf hochbeladenen Getreidewagen, neben denen die Bauern in gelben Lederhosen, weißen Strümpfen, roten Faltenhemden und schwarzen Röcken gingen.

„Von Straßenbeleuchtung," schreibt Storm[1], „gab es nur eine Laterne am Hafen; aber trotzdem kam es vor, daß Leute vom Bollwerk ins Wasser stürzten. Eines Abends hörte ein Schiffer auf seinem Halligboote, als er aus seiner Koje den Kopf in die Luft steckte, ein ihm unerklärliches Schnarchen, das neben seinem Bord aufstieg. Er entzündete seine kleine Laterne und leuchtete hinab: da war es Ebbe und neben dem Hinterspiegel des Schiffes sah er einen ihm bekannten Schweinehändler mit einer dicken Geld-

---

[1] In nachgelassenen Aufzeichnungen.

katze um die Hüften und, halb im Schlick versunken, sich des behaglichsten Schlafes erfreuen, aus welchem er dann bei dem danach folgenden Rettungswerke gestört wurde. — Aber in den Gassen war es, wenn nicht der Mond schien, finster; und größere und kleine Handlaternen irrlichterierten abends darin umher; auch wir Knaben hatten, wenn es abends in die Privatstunden ging, alle unsere Leuchte, deren Griff einen Behälter für Reservelichte bildete."

Lucie Woldsen hatte das Elternhaus in der Hohlen Gasse verlassen, aber Magdalena und Elsabe träumten noch im warmen Neste unter der liebevollen Fürsorge der Eltern den Traum der Jugend weiter.

Des Senators Simon Woldsen erinnerte Storm sich noch. Er schreibt über ihn[1]:

„Auch die stattliche Gestalt meines mütterlichen Großvaters, den ich im dritten Jahre schon verlor, tritt mir in dieser Zeit entgegen, und zwar entsinne ich mich seiner nur aus unserem, nicht aus seinem Hause. Von dessen Antlitz ist mir keine Erinnerung geblieben, aber der empfangene Eindruck paßt gut zu dem Miniaturbildchen, das mit dem seiner Eltern und seiner Schwester in silbervergoldetem Medaillon in meinem Zimmer hängt. Er ist darauf abgebildet mit gepudertem Haar, eine Haarrolle an jeder Seite, in weißem Halstuche und Krause. Er ist von vielen geliebt, ich fürchte aber, auch von vielen betrogen worden; denn er hatte nicht das kaufmännische Genie seines Vaters. Als er im Sarge lag, hob mein Friedrich-

---

[1] In nachgelassenen Aufzeichnungen.

städter Onkel[1]) seinen sechsjährigen Jungen auf den Arm und sagte: ‚Heule nicht, Junge! Sieh her, so sieht ein braver Mann aus, wenn er gestorben ist.'[2])

Als er damals in unser Haus kam, war ich mit meinem Vater beim Obstpflücken im Garten; die Magd rief uns herein, der Herr Senator wäre da. Der Großvater war in einem lichtgrauen Anzuge, und während er mit meinem Vater sprach, ließ er mich zwischen seine Beine durchlaufen; einmal — ob damals? — hatte er mir eine Schäferei in Bleifiguren mitgebracht; den braunen Hund mit rotem Halsbande habe ich als junger Student noch besessen."

Seine Frau, Magdalena geb. Fedderfen, „das Großmütterchen", welche ihr Enkel so anmutig in seinen „Zerstreuten Kapiteln"[3]) verewigt hat, war von großer Herzensgüte und immer heiterer Gemütsart. Ein unbegrenzter Jubel herrschte im ganzen Hause, als Magdalena Woldsen nun wirklich Großmutter geworden war und ihren ersten Enkel Theodor Storm ans Herz drücken konnte. Für diesen faßte Elsabe Woldsen eine besondere Liebe. Sobald er seine ersten unsicheren Schritte machen konnte, war er ihr unzertrennlicher kleiner Kamerad, auch wenn am Sonntagnachmittage der Kaffee bei der alten Urgroßmutter Fedderfen getrunken wurde. Diese alte, prächtige, von allen ihren Verwandten hochgeehrte Frau bildete den Mittelpunkt

---

[1]) Nikolaus Stuhr, der Mann Magdalena Woldsens.
[2]) Vgl. auch „Im Saal", Bd. 2, S. 311.
[3]) Zerstreute Kapitel: Von heut' und ehedem, In Urgroßvaters Hause, Bd. 3, S. 154 ff., und In Großvaters Hause, Bd. 3, S. 168 ff

der Familie und man hielt auf einen fleißigen Verkehr untereinander. Sie war zur Zeit der Geburt ihres ersten Urenkels eine immer noch schöne Frau von 74 Jahren. Der Vater des Dichters liebte sie so sehr, daß er für seinen Todesfall bestimmt hatte, nicht in der Woldsenschen Familiengruft auf dem St.-Jürgen-Friedhofe, sondern in einem Grabe mit Urgroßmutter Feddersen auf dem neuen Kirchhofe beigesetzt zu werden. Ihr Testament war mit den Worten: „Im Namen der Heiligen Dreieinigkeit" überschrieben und endete mit dem Satze: „Meine Kinder können meinen Nachlaß mit ruhigem Gewissen nehmen, es haften keine Tränen daran und der liebe Gott wird seinen reichen Segen darauf legen."

Geht man die Hohle Gasse nach Süden zu hinunter, so gelangt man an die Schiffbrücke; hier lag das Haus des Urgroßvaters Feddersen. Der spitze, mit einer Sandsteinvase geschmückte Giebel und die blanken Fenster sahen wie die lachende Gegenwart auf die Schiffe des gegenüberliegenden Hafens. Der weißgetünchte, durch zwei Stockwerke reichende Flur des Hauses erhielt sein Licht durch zwei übereinanderliegende Fenster. Trat man durch die Haustür ein, so lag gleich links ein schmales Wohnzimmer. In dessen Ausbaufenster blühten in bunter Fülle Reseden, Geranien und die Blume der alten Zeit, die düftereiche Volkameria. Vom Flur aus trat man in den Pesel, ein die ganze Breite des Hauses einnehmendes Gemach mit steinernem Fußboden, wo die Feste gefeiert wurden und die Toten ausstanden. Seine hohen

Fenster blickten nach einem engen Gäßchen, der Twiete, die früher ein Wasserlauf gewesen war. Vom Pesel führte eine Tür in den Flur des Hinterhauses, wo sich die Treppe befand, auf der man in die oberen Räume gelangte. In diesem Hause ließ der Dichter später in seinen „Zerstreuten Kapiteln"¹) sich die „vereinigte freundschaftliche Gesellschaft" versammeln.

Urgroßmutter Fedderfen besaß nicht weit von ihrem Hause entfernt an der Husumerau einen Garten. Ein mit einem Umbau versehenes, auf Ständern ruhendes Lusthaus, das über das Vorland der unten vorüberflutenden Au hinausgebaut war, befand sich dort, von Geißblatt umrankt. Altmodische Blumen, die heute in keinem Garten mehr zu finden sind, blühten und dufteten hier. Der Dichter hat sie besungen²):

„Muskat-Hyazinthen —
Ihr blühtet einst in Urgroßmutters Garten;
Das war ein Platz; weltfern, weit, weit dahinten!"

Der Urgroßvater Fedderfen war ein kleiner, behaglicher, kunstsinniger Mann. Am 21. Januar 1801 hatte er seine beste und liebste Frau, wie er sie immer nannte, verlassen und sein „obiit" im Buche der vereinigten freundschaftlichen Gesellschaft erhalten.

Der kleine Theodor war im Sommer fast immer in der Hohlen Gasse, denn beim elterlichen Hause am Markt gab es keinen Garten. Am Eingange der Lindenlaube war eine Schaukel für ihn hergerichtet. Elsabe

---
¹) Zerstreute Kapitel: Von heut' und ehedem, In Urgroßvaters Hause, Bd. 3, S. 154 ff.
²) Frauen-Ritornell, Bd. 8, S. 271.

hob den Jungen hinein und setzte die Schaukel vorsichtig in Bewegung; oder sie setzte sich selbst in jugendlichem Übermute hinein, während ihr Neffe etwas seitab stand und mit seinen großen Blauaugen auf seine junge, schöne Tante blickte, die sich höher und höher schwang, bis ein erschreckter Ausruf des kleinen Burschen sie innehalten ließ.

Wie die Jahre gingen, schwand ein Stückchen Sonnenschein nach dem andern aus dem Hause der Hohlen Gasse.

„Sie flogen mit jungen Gesellen hinaus,
Weit fort, und sie kehrten nicht wieder nach Haus;
Und im fröhlichen Nest war für immer verklungen
Das Zwitschern der Jungen." [1]

Magdalena heiratete den Kaufmann Nikolaus Stuhr in Friedrichsstadt, einer kleinen, 12 Kilometer von Husum gelegenen Stadt. Elsabe verlobte sich im Jahre 1818 mit dem Jugend- und Studienfreunde Johann Casimirs, Ernst Esmarch, einem Patenkinde des alten Johann Heinrich Voß.

Als an Magdalenas Hochzeitstage der Wagen vor der Türe stand, der das junge Paar der neuen Heimat zuführen sollte, wollte der alte Großvater Friedrich Woldsen seiner Enkelin noch einmal Lebewohl sagen. Die Straße war schmutzig und die Füße der jungen Frau waren mit leichten Schuhen bekleidet. Da nahm Nikolaus Stuhr sie auf den Arm und trug sie ins großelterliche Haus. Friedrich Woldsen überreichte

---

[1] Wilhelm Jensen, Stare, S. 55 der ausgewählten Gedichte, 2. Aufl.

jedem einen kleinen Beutel. Der des Mannes war mit
Speziestalern, derjenige der Frau mit Kleingeld an=
gefüllt. Lächelnd fügte er hinzu: „Der Mann soll
dafür sorgen, daß Geld im Hause ist, und die Frau
soll das kleine Geld verwalten und zusammenhalten."

Elsabe Woldsen und Ernst Esmarch liebten sich
schon, als sie fast noch ein Kind war und er die Ge=
lehrtenschule in Husum besuchte. Elsabe war mit einem
unverwüstlichen Frohsinn und einem köstlichen Humor
ausgestattet, der sie bis an ihr Lebensende treu be=
gleitete. Als Braut küßte sie ihrem Ernst, wenn er in
gar zu tiefes Nachdenken versunken war, die Sorgen=
falten von der Stirne. Im späteren Leben pflegte sie
in übermütiger Laune ihren Mann, wenn er würdevoll
durchs Zimmer schritt, „l'empereur" zu nennen. Zu
seinem Geburtstage schenkte sie ihm ein rotseidenes
Taschentuch mit folgendem Gedicht:

Motto: Rot ist die Liebe.

Feurig leuchtet dir entgegen
Hier ein Nasentuch;
Rote Farbe meiner Liebe,
Die im Herz ich trug.

Drück' es zärtlich an die Nase,
Tue deine Pflicht!
Steck' drei Zipfel in die Tasche,
Doch den vierten nicht!"

Im Jahre 1820, in dem sich zum kleinen Theodor
seine später von ihm so innig geliebte Schwester Helene
gesellte, starb Simon Woldsen. Er ruht in der vom Ur=
großvater Friedrich Woldsen angelegten Familiengruft
auf dem St.=Jürgen=Friedhofe, umrauscht von uralten

Linden, unter denen schon die ersten Reformatoren predigten. Auf dem grauen Steine, der die Gruft schließt, steht mit großen Buchstaben:

„Woldsen und sine Erben up ewige Tiden."

Sie liegt unmittelbar an der Straße. Im Frühling und Sommer spielten fröhliche Kinder auf dem grauen Steine, und ihr Lachen klang wie ein Gruß des warmen Lebens zu den Toten hinab.

Dahinein hat uns der Dichter selbst blicken lassen[1]):

„Ich war hinabgestiegen und stand unten in der Dunkelheit zwischen den Särgen, die neben und über mir auf den eisernen Stangen ruhten; die ganze alte Zeit, eine ernste, schweigsame Gesellschaft. Neben mir war der Totengräber, ein eisgrauer Mann. Aber einst war er jung gewesen und hatte als Kutscher, den schwarzen Pudel zwischen den Knien, die Rappen meines Großvaters gefahren. — Er stand an einen hohen Sarg gelehnt und ließ wie liebkosend seine Hand über das schwarze Tuch des Deckels gleiten. ‚Dat is min ole Herr!' sagte er in seinem Plattdeutsch, ‚dat weer en gude Mann.'" Das war Simon Woldsens Sarg.

Ein anderes Mal erzählt Storm, wie er mit seiner alten Großmutter Woldsen in die Gruft hinabgestiegen sei, die zur Aufnahme eines jüngeren Familiengliedes geöffnet worden war[2]).

---

[1]) Unter dem Tannenbaum, Bd. 1, S. 198.
[2]) Zerstreute Kapitel: Von heut' und ehedem, Staub und Plunder, Bd. 3, S. 181.

„Der mit schwarzem Tuch überzogene Sarg des Großvaters war noch wohlerhalten. Sie betrachtete ihn lange schweigend; dann suchte sie nach ihren Söhnen, welche sämtlich noch in den Kinderjahren sich dieser stillen Gesellschaft hatten zugesellen müssen. Die kleinen Särge, außer einem, waren schon in Trümmer gefallen. Als wir von diesem den auch schon gelösten Deckel abgehoben hatten, da lagen unterhalb eines kleinen, weißen Schädels — überaus rührend, als seien sie seit dem letzten Lebensatem unverrückt geblieben — die feinen Knochen eines Ärmchens und eines ausgespreizten Kinderhändchens. Die Großmutter tastete mit zitternder Hand an diesen armen Überresten; sie betrachtete aufmerksam den Sarg, nickte mit dem Kopfe und sagte dann: ‚Das ist mein Simon; was für ein lustiger kleiner Junge war er!' Und als ich von ihr fort zu einem anderen Sarge trat, sah ich, wie die Lippen der greisen Mutter sich noch einmal lang und innig auf die Stirn ihres lieben kleinen Jungen preßten."

Am 3. Oktober 1820 wurde Ernst Esmarch zum Bürgermeister und Stadtsekretär von Segeberg ernannt. Nun machte sich das junge Paar mit Eifer daran, sein eigenes Nest zu bauen. Am 14. Februar 1821 wurde eine stille Hochzeit in Husum gefeiert, war doch kaum ein Jahr seit dem Tode des Vaters der Braut verflossen. Der kleine Theodor gehörte auch zur Hochzeitsgesellschaft. In einem Glückwunschbriefe vom 13. Februar 1871 schreibt Storm dem alternden Paare zur Feier der goldenen Hochzeit:

„Als kaum vierjähriger Knabe war ich auf der ersten Hochzeit, wo der lebendige Myrtenkranz auf dem Haupte der Braut ruhte. Nach der Trauung in der Ecke sitzend, war ich ein unbeachteter Zeuge, wie Ihr Arm in Arm in leiser Zwiesprache auf und ab wandeltet und wohl — mir freilich unverständlich — von den Dingen Eures nun beginnenden Lebens sprachet."

Noch an demselben Tage entführte Bürgermeister Esmarch seine junge Frau nach Segeberg, wo sie in den weiten, hellen Räumen des Rathauses ihre Wohnung fanden. Nicht weit vom Hause am Großen Segeberger See gehörte ihnen ein schöner, stiller Garten. Hier verlebte Theodor als Schüler und Student glückliche Sommertage, denn Constanze, die edle, älteste Tochter des Hauses, trat da zu ihm und vergoldete ihm diese Stätte mit dem Zauber seligster Erinnerungen.

Im Sommer desselben Jahres siedelte die junge Familie Storm in das so stillgewordene Elternhaus in der Hohlen Gasse über. Mit ihr zog wieder lachendes Leben in das alte Familienhaus ein. Großmutter Woldsen hatte wieder zu sorgen und zu lieben, denn ein reicher Kindersegen blieb in Husum und Segeberg nicht aus.

Dieser Übersiedelung entsann sich Storm, obgleich er damals noch nicht 4 Jahre alt war. Er erzählt[1]):

„Noch sehe ich mich an der Hand meines bis zu ihrem Tode geliebten Kindermädchens, der Schwester

---

[1]) In nachgelassenen Aufzeichnungen.

von ‚Lena Wies‘, von dem verlassenen nach dem neuen Hause wandeln, ein buntes, gipsenes Kruzifix in den andern Arm gepreßt, das man mir kurz zuvor von einem Italiener gekauft hatte, wie sie damals alljährlich durch die Straßen ihre Puppen ausriefen."

Johann Casimir ließ zur Erinnerung an seine Knabenzeit im Garten Brutkästen für die Stare anbringen. Aus seiner Arbeitsstube, die von der Hoftür aus gesehen gleich rechts im Seitenflügel lag, trat er oft heraus, um ihr Aus- und Einfliegen, ihren Gesang und ihre ganze Wirtschaft zu beobachten. Er war ein großer Naturschwärmer und kannte jeden Vogel an seinem Gesang. Bald wußte auch der kleine Theodor auf seine Frage: „Welcher Vogel war das?" richtig zu antworten.

Der Dichter Wilhelm Jensen schreibt in seinen Heimaterinnerungen von Theodor Storm: „Ich kann ihn mir deutlich als schmächtigen, still in sich gekehrten Schulknaben, unmöglich als einen frischen, übermütigen denken." Dennoch war Theodor, wie seine Brüder erzählten, ein froher, fast übermütiger Junge, im Spiel mit andern Knaben einer der tollsten. Er lernte nach Landesart mit dem Springstocke über die Marschgräben setzen, ja er sprang mit anderen Jungen um die Wette, bis ihm sein braunes Haar über das heiße Gesicht fiel und er tief aufatmend stehen blieb. Großmutter Woldsen erzählte ihm später oft von einem „Ausbund von Jungen" — das war nämlich er selbst —, der auf einem widerspenstigen Esel zwischen den Beeten des Gartens umhertrabte, immer im Kreis um die hölzerne Flora herum, bis der Esel hinten ausschlug und den Jungen in die Büsche warf[1]).

An hellen Nachmittagen spielten die Knaben auf den drei geräumigen, übereinanderliegenden Hausböden. Vom Dache hing noch das Tau einer Winde herab, an dem früher die Warenballen hinauf= und heruntergewunden wurden. Die Jungen stiegen bis auf den obersten Boden hinauf, erfaßten das dicke Tau mit ihren kleinen Händen und dann ging es in die Tiefe. Sie kletterten auch aufs Dach und jagten sich um die Schornsteine herum. Oder sie blickten von ihrem luftigen Platze auf die grüne Marsch und darüber hinaus aufs Meer, auf die weidenden Rinder, die vorüberziehenden Schiffe und auf eine Mühle, die am Horizonte auf der gleich einem Nebelstreifen oberhalb des Wassers hingestreckten Insel Nordstrand ihre Flügel drehte — bis sie sich schaudernd der schwindelnden Höhe bewußt wurden und schleunigst den Rückzug antraten.

Lassen wir Storm selbst uns davon erzählen[2]):

„Einer unserer wackersten Spielkameraden war ,Hans Räuber', der Sohn eines armen Schuhflickers und schon seit Jahren ein Stadtwaisenkind; den Beinamen hatte er sich in unserem beliebtesten Spiele ,Räuber und Soldat' durch seine ausgezeichneten Leistungen in der ersteren Eigenschaft verdient. Außer=

---

[1]) Zerstreute Kapitel: Von heut' und ehedem, Staub und Plunder, Bd. 3, S. 182.
[2]) Vorwort zu den Geschichten aus der Tonne, Bd. 2, S. 214—216

dem besaß dieser ehrliche und spaßhafte Bursche noch eine andere von uns sehr geschätzte Fähigkeit.

An den langen Herbstabenden, wo uns für die ausgelassenen Spiele nach der Schulzeit gar bald das Licht ausging, pflegten wir uns auf den Stufen irgendeiner Haustreppe zusammenzufinden, und nun hieß es: ‚Stücken vertellen!' Und auch hier war wieder Hans der ‚Baas'; Gott weiß, woher ihm die seltsamen Geschichten anflogen, mit denen er uns bald vor Grauen zu schütteln, bald das hellste Lachen hervorzurufen wußte. In dieser Jahreszeit des Stücken-Erzählens wurden insbesondere die Gestalten unseres heimischen Volksglaubens so lebendig in uns, daß wir einmal ganz deutlich den Niß Puk aus einer Dachöffnung von meines Vaters Stallgebäude herausgucken sahen und, mit Hirschfänger und Blumenstöcken bewaffnet, einen zwar vergeblichen Feldzug über sämtliche Böden gegen den Hauskobold unternahmen.

Je heimlicher wir unsere Märchenbude aufgeschlagen hatten, desto schöner hörten sich die Geschichten an. Mich namentlich trieb diese Vorliebe für versteckte Erzählungsplätzchen zur Entdeckung immer neuer Schlupfwinkel; der beste Fund aber, der mir dabei gelang, war eine große, leere Tonne, welche in unserem sogenannten Packhause unweit der Schreiberstube stand. Diese Tonne war bald das Allerheiligste, das nur von mir und Hans bezogen wurde; hier kauerten wir abends nach der Rechenstunde zusammen, nahmen meine kleine Handlaterne, die wir zuvor mit ausreichenden Lichtendchen versehen hatten, auf den Schoß und schoben ein paar auf der Tonne liegende Bretter wieder über die Öffnung, so daß wir wie im heimlichsten Stübchen uns gegenübersaßen. Wenn dann die Leute abends in die Schreibstube gingen und ein Gemurmel aus der Tonne aufsteigen hörten, auch wohl einzelne Lichtstrahlen daraus hervorschimmern sahen, so konnte der alte Schreiber nicht genug die wunderliche Ursache davon berichten.

Wo aber waren indessen Hans und ich? — Ging es auch sachte aufwärts, so ging es doch endlich hübsch über die Alltagswelt hinweg, daß der Schul= und sonstige Erdenstaub lustig aus den flatternden Gewändern flog. Die alte Gelehrtenschule mit ihren irregulären Verben, der dumpfe Keller mit der häßlichen Lehmdiele, auf der das Bett des Waisenknaben stand — im Nebel der Tiefe lag es unter uns, während wir die reine Luft der Höhe atmeten.

Aber selbst zu uns hinauf drang die Sopranstimme der Magd, die, wenn es neun vom Turm geschlagen hatte, mich von der Hoftüre aus zum Abendessen rief. Plötzlich saßen wir wieder in unserer engen Tonne; noch einmal dehnten wir uns, daß die Wände knackten, und kletterten dann über den Rand derselben in das Alltagsleben zurück; aber noch lange nachher mußte es uns jeder vom Gesichte ablesen können, daß wir in uns einen Glanz trugen, der nicht von dieser Welt war. — —

Vierzig Jahre und darüber sind seitdem verflossen. Meinen Hans Räuber hat ein seltsames Geschick be=

Simon Woldsen II   Tante Fränzchen
                          („Im Sonnenschein")
Friedrich Woldsen   Lucia Woldsen geb. Petersen

troffen; er ist in seinem Alter noch einmal ein Stadt=
Waisenkind geworden.

Ob er für einen Sterblichen doch zu oft in jene
Region hinaufgeflogen war? — Nachdem er ein
Vierteljahrhundert der Alltagswelt als tüchtiger
Schiffszimmermann gedient hatte, wurde er krank und
konnte sich lange Jahre hindurch nicht mehr in ihr
zurechtfinden. So kam er in ein städtisches Asyl. Aber
er ist allmählich wieder genesen; es geht ihm wohl; er
arbeitet nach Belieben und er arbeitet gern und gut;
seine Frau zwar hat er längst begraben, aber seine
Kinder weiß er in der Ferne wohl versorgt. Wenn
sein rotes, ehrliches Gesicht mit den nun ergrauten
Haaren mir begegnet, dann nicken wir uns zu und
seine braunen Augen leuchten schelmisch, als wollten
sie mir sagen: ‚Weißt du noch — das wissen wir
beide nur allein — wie wir damals in der Tonne
saßen? Das war eine schöne Zeit.'" —

Auch für die Kinder Theodor Storms bedeutet
Hans Räuber eine freundliche Jugenderinnerung. Es
war jedesmal ein Fest, wenn er auf dem Hofe Holz
sägte. Die Kinder umstanden ihn bei seiner Arbeit
und wunderten sich über seine glanzerfüllten Augen
und seine schöne rote Gesichtsfarbe. Die Freude steigerte
sich, wenn sie einen Schluck aus seiner Kaffeeflasche
trinken oder von seinem mitgebrachten Butterbrote ab=
beißen durften.

Die Mutter des Dichters, Lucie Woldsen, war
eine hübsche Frau von zierlicher Gestalt. Jedem fiel,
wenn er sie zum ersten Male erblickte, sogleich die

eigenartige Schönheit ihrer blauen Augen auf. Sie hatte einen guten, klaren Verstand und viel Interesse für Kunst und Natur. Bei reger Teilnahme für alles, was in ihren Kreis trat, bewahrte sie sich eine jugendliche Frische des Gemüts bis in ihr spätes Alter. Sie war eine äußerlich kühle, klare, nüchterne Natur und stand daher in keinem innerlichen Verhältnisse zu ihren Kindern.

„Wir im Norden gehen überhaupt nicht oft über den Händedruck hinaus," bekennt der Dichter selbst[1]). Er erinnerte sich auch keiner Zärtlichkeit seiner Mutter. Eine sonst nicht gewohnte Bereitwilligkeit von ihr, seine Wünsche zu erfüllen, erweckte in der Seele des Knaben die seltsamsten Befürchtungen. Er selbst schreibt darüber[2]):

„Ich mag damals nicht über 6 oder 7 Jahre gewesen sein; die Geschichte ist buchstäblich wahr. Ich hatte mir aus einer alten Zuckerkiste auf unserem Hofe eine Jahrmarktsbude zusammengeklütert und bedurfte nun, als die schwierige Arbeit fertig war, auch der Waren. Manufakturwaren sollten es sein und bei der Größe meiner Bude eine ziemliche Quantität, die ich darin feilhalten wollte. Meine bei uns lebende Großmutter war in ihrer Güte und Heiterkeit zwar zu aller Aushilfe bereit, aber die verschiedenen Plünnenschiebladen waren unter der Herrschaft und dem Verschluß meiner Mutter. Da diese indes an dem betreffenden Vormittage stark in der Haushaltung beschäftigt war,

---

[1]) Brief Storms an Emil Kuh vom 13. 8. 1873.
[2]) Brief Storms an Paul Heyse vom 23. 3. 1883.

so wagte ich mich nicht recht heran. Endlich überwog die Begier, welche alle die im Verschluß gehaltenen bunten Lappen vor meinen Augen auftauchen ließ. Zu meinem Erstaunen wurde ich nicht aufs Warten verwiesen, sondern meine Mutter ließ alles stehen und kniete, bald im Saal, bald auf dem Hausboden unermüdlich mit mir vor allen Schubläden und Schränken und suchte mir selbst aufs freundlichste einen ganzen Haufen, eine Welt von herrlichen, bunten Lappen zusammen. Noch sehe ich deutlich einen großen, hell- und dunkelbraun gestreiften Lappen vor meinen Augen.

Es war eine gute Mutter, meine Mutter, aber sie hatte doch gegen die überschwengliche Güte meiner Großmutter in gewisser Weise Stellung genommen. Daher wurde ich von dieser so augenblicklichen und alles übersteigenden Erfüllung meiner Wünsche ganz betäubt in meinem Kindskopfe. Tagsüber, als ich mit meinem Reichtum in der Bude wirtschaftete, vergaß ich sie zwar, aber als ich abends allein in meinem Kinderbette lag, überkam es mich wieder, diese unerhörte Güte mußte eine ganz bestimmte Ursache haben. Was konnte es sein? Und als ich weiter grübelte, hatte ich es endlich gefunden: ‚Meine Mutter wollte mich ermorden!' Ein Entsetzen überfiel mich und als meine Großmutter, wohl nur, wie allabendlich sie pflegte, noch einmal nach mir zu sehen in die Stube trat, fand sie mich in Todesangst und Tränen über mein Geschick. Als ich gebeichtet, holte sie auch meine Mutter und beide Frauen konnten erst nach langer Zeit mich beruhigen."

Er mochte wohl an eins der Märchen gedacht haben, welche die alte Großmutter Woldsen, eine der gewichtigsten Personen seiner Kindheit und seines Herzens, ihren Enkeln in der Dämmerstunde der Winterabende zu erzählen pflegte, während ein mächtiges Holzfeuer im Kachelofen lohte und die in der Ofenröhre prasselnden Bratäpfel ihren Duft verbreiteten. Am liebsten kehrte die alte Frau in die Vergangenheit zurück. Sie erzählte von ihrer fröhlichen, im elterlichen Hause an der Schiffbrücke verlebten Jugend und von ihrer glücklichen Brautzeit. Wie lebhaft sahen die Kinder dann die Urgroßväter vor sich: den Ratsverwandten Jochim Christian Feddersen, zierlich bezopft, im schokoladefarbenen Rock, die emaillierte Schnupftabaksdose in der Hand, und den Senator Friedrich Woldsen[1]). Dieser, einer der letzten großen Kaufherren in Husum, war ein harter Mann mit strengen, aber schönen blauen Augen, der seine Söhne bis in ihr dreißigstes Jahr erzogen hatte[2]). Die Großmutter zeigte den Kindern dann wohl auch das Buch mit „den Regeln der vereinigten freundschaftlichen Gesellschaft, samt eigenhändiger Einschrift derselben Mitgliedern Namen".

Außer den Namen befanden sich auch die Silhouetten der alten Herren in dem Buche mit ihren wohlgetroffenen Haarbeuteln und Zopffrisuren. Nur ein weiblicher Schattenriß war darin, der der Groß-

---

[1]) Zerstreute Kapitel: Von heut' und ehedem, In Urgroßvaters Hause, Bd. 3, S. 155 ff.
[2]) Im Sonnenschein, Bd. 1, S. 325.

mutter. Das Buch ging dann von Hand zu Hand. Die Urgroßväter und Großväter wurden aufgesucht und mit kleinen, über dem Sofa hängenden Miniaturbildern in silbernen Rahmen verglichen. Die vereinigte freundschaftliche Gesellschaft wurde im Jahre 1747 gegründet. Das Buch mit ihren Regeln befindet sich noch in der Stormschen Familie.

In der frühesten Kindheit ging fast alles, was Theodor und seine Geschwister erheiterte und unterhielt, von Großmutter Woldsen aus. Sie tat ihnen alles zuliebe und versorgte sie mit dem, dessen sie zu ihren Spielen bedurften. Aber auch in ihren kleinen Nöten stand sie ihnen schützend und helfend zur Seite. Wenn im Herbste die Stürme ums Haus tobten und die Kinder das Brausen des Meeres hörten, wenn die Fenster klirrten, die Türen erzitterten und ein Knacken durch die alten Möbel ging, dann fuhren die Kleinen, von dem vielfachen Lärm erschreckt, aus dem Schlafe auf, und in ihrem verängstigten Herzen hatte nur ein Gedanke Raum: „Zu Großmutter!" Schnell eilten sie im Nachthemde mit bloßen Füßen die Treppe hinab in Großmutters Stube und schlüpften zu ihr ins Bett. In Erinnerung an diese Kinderängste entstand später das Gedicht „Sturmnacht"[1]:

„Aber droben im Haus
Im behaglichen Zimmer
Beim Sturmgebraus
Saßen und schwatzten die Alten noch immer;
Nicht hörend, wie drunten die Saaltür sprang,
Und ein Klang war erwacht

---
[1] Sturmnacht, Bd. 8, S. 226/227.

Aus der einsamen Nacht,
Der schollernd drang
Über Trepp' und Gang,
Daß dran in der Kammer die Kinder mit Schrecken
Auffuhren und schlüpften unter die Decken."

Die eigentliche Märchenerzählerin seiner Kindheit war Lena Wies, der er so viele Mitteilungen über Husums Vergangenheit verdankte. Er hat seiner alten Freundin, die im Februar 1873 starb, ein Denkmal in seiner Novelle „Lena Wies" gesetzt[1]). Alles, was darin erzählt wird, ist erlebt. Storm selbst nennt die Novelle ein Stück Jugendgeschichte[2]). Ferner schreibt er[2]):

„Zur Charakteristik dieser alten Freundin gehört noch: Sie hatte über Gott und Welt so ihre eigenen Ansichten und traute der Verheißung eines künftigen Lebens keineswegs. Da unser Propst sie in ihrer letzten Krankheit damit trösten wollte, ließ sie ihn ruhig reden, dann aber legte sie die Hand auf seinen Arm und sagte lächelnd: ‚Se kriegen mi nich, Herr Propst!' So hat sie es mir erzählt. Es ist mir daher weder von ihr, noch sonst von irgendeiner Seite von religiösen Glaubensdingen in meiner Jugend vorgeredet worden. Mir ist nie dergleichen oktroyiert; und das rechne ich mit zu dem Besten, was mir derzeit widerfahren ist."

An einer anderen Stelle schreibt er[3]):

„Erzogen wurde wenig an mir; aber die Luft des Hauses war gesund; von Religion oder Christentum

---

[1]) Zerstreute Kapitel: Lena Wies, Bd. 3, S. 138 ff.
[2]) Brief Storms an Emil Kuh vom 24. 2. 1873.
[3]) Brief Storms an Emil Kuh vom 13. 8. 1873.

habe ich nie reden hören; ein einzelnes Mal gingen meine Mutter oder Großmutter wohl zur Kirche, oft war es nicht; mein Vater ging gar nicht, auch von mir wurde es nicht verlangt. So stehe ich dem sehr unbefangen gegenüber; ich habe durchaus keinen Glauben aus der Kindheit her, weiß also auch in dieser Beziehung nichts von Entwickelungskämpfen; ich staune nur mitunter, wie man Wert darauf legen kann, ob jemand über Urgrund und Endzweck der Dinge dies oder jenes glaubt oder nicht glaubt."

Auf Theodor folgten im Laufe der Jahre noch elf Geschwister, von denen es jedoch nur drei Söhne: Johannes, Otto und Emil, zur kraftvollen Entfaltung des Lebens brachten. Fünf Kinder erreichten kaum das erste Lebensjahr, während Lucie als Kind, Helene und Cäcilie in der Blüte ihrer Jahre starben.

Lucie war drei Jahre jünger als Theodor und starb in ihrem sechsten Lebensjahre. Ihr Tod war der erste tiefe Schmerz des Knaben. Viel später hat er seinen Gefühlen darüber in einem seiner zartesten Gedichte: "Lucie" Ausdruck verliehen[1]):

"Ich seh' sie noch, ihr Büchlein in der Hand,
Nach jener Bank dort an der Gartenwand
Vom Spiel der andern Kinder sich entfernen;
Sie wußte wohl, es müßte sie das Lernen.

Nicht war sie klug, nicht schön; mir aber war
Ihr blaß Gesichtchen und ihr blondes Haar,
Mir war es lieb; aus der Erinn'rung Düster
Schaut es mich an; wir waren recht Geschwister.

---

[1]) Lucie, Bd. 8, S. 210.

Ihr schmales Bettchen teilte sie mit mir,
Und nächtens Wang' an Wange schliefen wir;
Das war so schön! Noch weht ein Kinderfrieden
Mich an aus jenen Zeiten, die geschieden.

Ein Ende kam; — ein Tag, sie wurde krank
Und lag im Fieber viele Wochen lang;
Ein Morgen dann, wo sanft die Winde gingen,
Da ging sie heim; es blühten die Syringen.

Die Sonne schien; ich lief ins Feld hinaus
Und weinte laut; dann kam ich still nach Haus.
Wohl zwanzig Jahr' und drüber sind vergangen —
An wieviel andrem hat mein Herz gehangen!

Was hab' ich heute denn nach dir gebangt?
Bist du mir nah' und hast nach mir verlangt?
Willst du, wie einst nach uns'ren Kinderspielen,
Mein Knabenhaupt an deinem Herzen fühlen?"

Der Dichter schreibt über diese Schwester an seine Eltern am 7. Dezember 1862 aus Heiligenstadt[1]):

„Der Zeit, wo Lucie krank lag, erinnere ich mich sehr wohl, insbesondere auch, wie ich eines Abends mit einem gefangenen Schmetterling in das Krankenzimmer hineinstürmte. Es war seltsam, wie sie mich, den sie sonst so lieb hatte, während der Krankheit gar nicht an ihrem Bette leiden konnte; ich mag wohl zu laut und unruhig gewesen sein. Ihr Tod gab mir Veranlassung zu meinem ersten Gedicht. Ich lief weinend in der Gegend des Mühlenteichs umher, da ich es machte, und erinnere davon noch die beiden kindlichen Verse:

Und der Totenkranz umwindet
Jetzt ihr engelgleiches Haar.

Wie lange ist das schon vorüber!"

―――――――
[1]) Theodor Storms Briefe in die Heimat, S. 191.

Die gewaltige Sturmflut in der Nacht vom 3. zum 4. Februar 1825 war das erste große Ereignis in Storms jungem Leben. Nach der Lage des Landes waren hauptsächlich die Westküsten Schleswig-Holsteins den Sturmfluten ausgesetzt. In der verhängnisvollen Nacht erlitt auch Husum große Verluste. Die Einwohner ließen es zwar an den seit dem Jahre 1791 völlig hinreichenden Vorkehrungen zum Schutze ihres Eigentums nicht fehlen. Die Schotten wurden eingesetzt und die Vordämmungen errichtet. Allein das genügte nicht. Das Meer zerstörte diese Vorsichtsmaßregeln und erreichte eine Höhe, wie sie früher nur die Sturmflut vom 23. Dezember 1717 gebracht hatte. Diesmal stand das Wasser 22 Fuß über der gewöhnlichen Ebbe. Obgleich die Flut erst um 3 Uhr nachmittags eintreten sollte, so waren doch schon um 1 Uhr über 100 Häuser mit ihren Kellern und Nebengebäuden mit Wasser gefüllt. Ihre Bewohner mußten unter Zurücklassung ihrer Habe in den höhergelegenen Stadtteilen ein Unterkommen suchen. Gegen 4 Uhr morgens nahm das Wasser ab, und die Ebbe zeigte die Zerstörungen der Nacht. Nur ein Mensch verlor sein Leben dabei.

Das Brüllen des Sturms, das ferne Brausen des Meeres, das Schreien der geängstigten Menschen und das ganze gewaltige Naturereignis machte einen unauslöschlich tiefen Eindruck auf den lebhaften, phantasievollen Knaben. Diese Bilder des Schreckens, welche die Seele des achtjährigen Kindes aufgenommen hatte, hat er als alternder Mann in der Novelle „Carsten

Curator", und dann in seiner letzten Arbeit „Der Schimmelreiter" niedergelegt.

„Es war an einem Nachmittag zu Anfang November. Der Wind kam steif aus Westen; der Arm, mit dem die Nordsee in Gestalt des schmalen Hafens in die Stadt hineinlangt, war von trübgrauem Wasser angefüllt, das kochend und schäumend schon die Hafentreppen überflutet hatte und die kleinen, vor Anker liegenden Inselschiffe hin und wieder warf. Hier und da begann man schon vor Haustüren und Kellerfenstern die hölzernen Schotten einzulassen, zwischen deren doppelte Wände dann der Dünger eingestampft wurde, der schon seit Wochen auf allen Vorstraßen lagerte.

Als die Dämmerung herabfiel, war fast der ganze Hafenplatz schon überflutet; aus den dem Bollwerk nahegelegenen Häusern brachte man mit Booten die Bewohner nach den höheren Stadtteilen. Die Schiffe drunten rissen an den Ankerketten, die Masten schlugen gegeneinander; große, weiße Vögel wurden mitten zwischen sie hineingeschleudert oder klammerten sich schreiend an die schlotternden Taue."

Theodor und seine Geschwister flüchteten in dieser Schreckensnacht zu Großmutter Woldsen. Auch die Hohle Gasse hatte das Wasser bereits erreicht, und der Sturm drückte fast die rasselnden Fenster ein. Es war eine mondhelle Nacht, und der Knabe sah von den großen, nach Westen gelegenen Giebelfenstern aus

---

[1]) Carsten Curator, Bd. 5, S. 138/139.

das schäumende Wasser steigen. Aus diesen Fenstern blickend, sah man über die Dächer der vorliegenden Häuser auf die Marsch und aufs Meer.

¹) „Wie eine wilde Jagd trieben die Wolken am Himmel; unten lag die weite Marsch wie eine unerkennbare, von unruhigen Schatten erfüllte Wüste; von dem Wasser hinter dem Deiche, immer ungeheurer, kam ein dumpfes Tosen, als müsse es alles andere verschlingen.

Dicht über dem Boden, halb fliegend, halb vom Sturme geschleudert, zog eine Schar von weißen Möwen, ein höhnisches Gegacker ausstoßend; sie suchten Schutz am Lande.

Eine furchtbare Bö kam brüllend vom Meere herüber. Aber wo war das Meer? Nur Berge von Wasser sah er vor sich, die dräuend gegen den nächtlichen Himmel stiegen, die in der furchtbaren Dämmerung sich übereinander zu türmen suchten und übereinander gegen das feste Land schlugen. Mit weißen Kronen kamen sie daher, heulend, als sei in ihnen der Schrei alles furchtbaren Raubgetiers der Wildnis."

In dem an der Ecke des Markts und der Krämerstraße gelegenen, im Jahre 1898 abgebrochenen alten Treppengiebelhause schrieb der Maler Johannes seine Lebenserinnerungen nieder, die den Inhalt der Novelle Aquis submersus bilden²). Die Inschrift über der Türe:

---

¹) Der Schimmelreiter, Bd. 7, S. 271/272.
²) Aquis submersus, Bd. 3, S. 203 ff.

> Gelick de Rock und Stof verſwint
> So ſin ock alle Minſchenkint.
> Anno 1581.

iſt pietätvoll auch an dem Neubau erhalten.

Eine bedeutende Rolle in Storms Dichtungen spielt das Rathaus, welches in der nördlichen Häuserreihe des Marktes liegt. Auf ſeinen drei Böden trieb während des Dichters Jugendzeit der Amtschirurgus[1]) ſein Weſen. Wenn ein Sturm im Anzuge war, pflegte er ſich aus der oberſten Giebelluke als Kronprinzen von Preußen zu proklamieren.

In der ſchönen, breiten Norderſtraße erinnern noch manche alte Häuſer und mit Reliefs geſchmückte Beiſchläge an vergangene Zeiten.

Dicht hinter dem Kuhſteig, wo ſchon das Oſterende beginnt, liegt noch heute die frühere Scharfrichterei und der Kerker, in dem die Verbrecher bis zum hochnotpeinlichen Gericht gefangen gehalten wurden. Den Kuhſteig hinaus zog die Schar Neugieriger, um der Hinrichtung Peter Likdoorns beizuwohnen, deſſen Körper auf dem jetzt mit Heide bewachſenen Galgenberge aufs Rad geflochten wurde[2]).

Durch die ſchattigen Alleen des Oſterendes gelangte man zum Mühlenteiche. Dieſer war ein großer Landſee, der ſich von der jetzt in eine Windmühle verwandelten Oſterhuſumer Waſſermühle bis zu dem $7^{1}/_{2}$ Kilometer öſtlich von Huſum liegenden Dorfe Roſendahl ausdehnte. Ende der ſechziger Jahre des

---

[1]) Zerſtreute Kapitel: Der Amtschirurgus, Bd. 3, S. 121 ff.
[2]) Im Brauerhauſe, Bd. 4, S. 295 ff.

vorigen Jahrhunderts wurde er trocken gelegt und heute sieht man an der Stelle Wiesen und Kornfelder. Das Flüßchen Mühlenau durchschneidet die Niederung der Länge nach und mündet in die Husumerau. Es ist der Rest des einst so ansehnlichen Gewässers, auf dessen glatter Eisfläche die Bewohner der nahen Stadt sich im Winter durch Schlittschuhlaufen vergnügten.

Der Dichter erzählt davon[1]):

„Die halbe Einwohnerschaft versammelte sich draußen in der frischen Winterluft; von alt und jung, auf zweien und auf einem Schlittschuh, sogar auf einem untergebundenen Kalbsknöchlein wurde die edle Kunst des Eislaufs geübt. — In der Nähe des Ufers waren Zelte aufgeschlagen, daneben auf dem Lande über flackerndem Feuer dampften Kessel, mit deren Hilfe allerlei wärmendes Getränk verabreicht wurde. Hier und da sah man einen Schiebschlitten, in dem eine eingehüllte Mädchengestalt saß, aus dem Gewühl auf die freie Fläche hinausschießen; aber alle hielten sich am Rande des Sees; die Mitte mochte noch nicht geheuer scheinen."

Der Sage nach hauste auf dem Grunde des Teichs der Sargfisch, der nur heraufstieg, wenn der See sein Opfer haben wollte.

In der Mitte der Süderstraße, die, gleichlaufend zur Norderstraße, nach dem Markte führt, lag der Schützenhof. In dessen weißgekalktem Saale führte der Mechanikus und Puppenspieler Joseph Tendler aus

---

[1]) Auf der Universität, Bd. 2, S. 102

München den Pfalzgrafen Siegfried, die heilige Geno=
befa und Doktor Fausts Höllenfahrt auf[1]).

In der Süderstraße, dem Gäßchen gegenüber, das
nach dem St.=Jürgens=Kirchhofe und über diesen am
Stift entlang nach der Norderstraße führt, hat sich der
Dichter das Haus gedacht, in dem Böttjer Basch, der
Held seiner gleichnamigen Novelle, wohnte[2]).

Das schönste Fest des Jahres war für Theodor
und seine Geschwister das Weihnachtsfest. Der
Weihnachtsbaum seiner Kindheit „mit seinen Flitter=
goldfähnchen, seinen weißen Netzen und goldenen Eiern,
die wie Kinderträume in den dunklen Zweigen hängen[3]),
warf seine Strahlen weit, weit hinaus bis ans Ende
seines Lebensweges.

Wochenlang vor Weihnachten war das große Fest
des Kuchenbackens. Die Rezepte waren immer die=
selben und vererbten von Generation auf Generation.
Mit dem Dufte der Kuchen, der von unten aus der
geräumigen Küche heraufstieg und sich ahnungsvoll
durchs ganze Haus verbreitete, senkte sich die heilige
Weihnachtsstimmung in alle Herzen. Die Heimlich=
keiten begannen nun, sie lagen in allen Ecken und
schwebten förmlich in der Luft. Wenn der Duft der
Tanne, die mit aller Hauskunst geschmückt wurde, sich
mit dem der braunen Kuchen vermischte, dann war die
große Stube rechts vom Flur für die lustige Kinderschar
ein verschlossenes Reich voller Märchen und Wunder.

---

[1]) Pole Poppenspäler, Bd. 2, S. 102.
[2]) Böttjer Basch, Bd. 7, S. 1ff.
[3]) Unter dem Tannenbaum, Bd. 1, S. 179.

Wohl keiner wie der Dichter selbst verstand es, die Weihnachten seiner Kindheit so anschaulich und liebevoll zu schildern, darum wollen wir seinen eigenen Worten lauschen, mit denen er uns in der echten Weihnachtsidylle „Unter dem Tannenbaum" ein Christfest seiner Knabenzeit vor die Augen zaubert.

In dieser Novelle hat Storm dem „Weihnachtsonkel" Jngwer Woldsen in der Gestalt des Onkels Erich ein liebevolles Denkmal gesetzt. Mit dem „nie gesehenen, märchenhaften Zuckerzeug", das er alljährlich aus Hamburg verschrieb und den Kindern schenkte, hatte er sich einen festen Platz in ihren kleinen Herzen erobert.

Der Dichter schreibt über ihn[1]):

„Sogar Onkel Woldsen, diese gerade nicht poetische Gestalt, ist von der wärmsten Glorie meiner Erinnerung umgeben. Jedesmal, wenn ich Onkel Woldsens mir noch erhaltene Geschenke zu Gesicht bekomme — den kleinen Globus, Körners Werke, Straß' alte Geschichte —, danke ich dem Manne für die Freude, die er mir als Kind an so manchem Weihnachtsabend gemacht hat, und jetzt, wo ich es so gern noch möchte, und wo es nicht mehr möglich ist, kann ich nicht begreifen, daß ich ihm in späteren Jahren niemals wieder meinen Dank ausgesprochen habe; aber vergessen ist es nicht."

Storm führt uns in seiner Novelle „Unter dem Tannenbaum" in das Arbeitszimmer eines Amtsrichters. Dieser sitzt an einem mit Büchern und

---

[1]) Storms Briefe in die Heimat, S. 123.

Papieren bedeckten Schreibtische. Die Nachmittagssonne leuchtet noch ins Gemach. Wie die Schatten immer tiefer fallen, tritt eine schlanke Frauengestalt — seine Frau — zu ihm ins Zimmer. Sie legt eine Probe der braunen Weihnachtskuchen, die eben vom Bäcker gekommen sind, vor ihn auf den Tisch. Sie sind nach dem überkommenen Rezepte seiner Mutter gebacken.

Wie er einen Brocken abbricht und genau prüft, ob die Masse glashart, die eingerollten Stückchen Zucker wohl zergangen und kandiert sind, da kommt mit dem Dufte der Kuchen die Erinnerung an seine Kinder= weihnachten in dem alten Familienhause der Hohlen Gasse zu ihm. Leise beginnt er nachzuerzählen, was sie zu ihm spricht. Die schlanke Frau an seiner Seite folgt ihm gerne in das Land der Kinderträume[1].

„Was für gute Geister aus diesem Kuchen steigen, ich sehe plötzlich, wie es daheim in dem alten, steinernen Hause Weihnacht wird. — Die Messingtürklinken sind womöglich noch blanker als sonst; die große gläserne Flurlampe leuchtet noch heller auf die Stuckschnörkel an den sauber geweißten Wänden; ein Kinderstrom um den andern, singend und bettelnd, drängt durch die Haustür; vom Keller herauf aus der geräumigen Küche zieht der Duft des Gebäckes in ihre Nasen, das dort in dem großen, kupfernen Kessel über dem Feuer prasselt. — Ich sehe alles; ich sehe Vater und Mutter — Gott sei gedankt, sie leben beide! —, aber die Zeit, in die ich hinabblicke, liegt in so tiefer Ferne der Vergangenheit! — — Ich bin ein Knabe noch! —

[1] Unter dem Tannenbaum, Bd. 1, S. 175—179.

Die Zimmer zu beiden Seiten des Flures sind erleuchtet; rechts ist die Weihnachtsstube. Während ich vor der Tür stehe, horchend, wie es drinnen in dem Knittergold und in den Tannenzweigen rauscht, kommt von der Hoftreppe herauf der Kutscher, eine Stange mit einem Wachslichtendchen in der Hand. — ‚Schon anzünden, Thoms?‘ Er schüttelt schmunzelnd den Kopf und verschwindet in der Weihnachtsstube. — Aber wo bleibt denn Onkel Erich? — — Da kommt er draußen die Treppe hinauf; die Haustür wird aufgerissen. Nein, es ist nur sein Lehrling, der die lange Pfeife des ‚Herrn Ratsverwandters‘ bringt; ihm nach quillt ein neuer Strom von Kindern; zehn kleine Kehlen auf einmal stimmen an: ‚Vom Himmel hoch, da komm' ich her!‘ Und schon ist meine Großmutter mitten zwischen ihnen, die alte, geschäftige Frau, den Speisekammerschlüssel am kleinen Finger, einen Teller voll Gebäckes in der Hand. Wie blitzschnell das verschwindet! Auch ich erwische mein Teil davon und eben kommt auch meine Schwester mit dem Kindermädchen, festlich gekleidet, die langen Zöpfe frisch geflochten. Ich aber halte mich nicht auf; ich springe drei Stufen auf einmal die Treppe nach dem Hofe hinab.

Drüben in dem Seitengebäude ist das Arbeitszimmer meines Vaters. Auf die Vordiele fällt heute kein Lichtschein aus dem Türfenster der Schreibstube; der alte Tausendkünstler ist von meiner Mutter drinnen bei den Weihnachtsgeheimnissen angestellt. Aber ich tappe mich im Dunkeln vorwärts; denn gegenüber in

seinem Zimmer höre ich die Schritte meines Vaters.
Er arbeitet schon nicht mehr. Ich öffne leise die Tür;
wie deutlich sehe ich ihn vor mir, ihn selbst und das
große, verräucherte Gemach, in dem der harte Schlag
der alten Wanduhr pickt! Mit einer feierlichen Un=
ruhe geht er zwischen den mit Papieren bedeckten
Tischen umher, in der einen Hand den Messingleuchter
mit der brennenden Kerze, die andere vorgestreckt, als
solle jetzt alles Störende ferngehalten werden. Er
öffnet die Schublade seines kleinen Stehpults und
nimmt die große, goldene Tabatiere aus der Fischhaut=
kapsel, einst ein Geschenk der Urgroßmutter an ihren
Bräutigam, dann nach des Urgroßvaters Tode eine
Ehren= und Vertrauensgabe an ihn. Aber er ist noch
nicht fertig; aus dem Geldkörbchen werden blanke
Silbermünzen für die Dienstboten hervorgesucht, eine
Goldmünze für den Schreiber. ‚Ist Onkel Erich schon
da?' fragt er, ohne sich nach mir umzusehen. — ‚Noch
nicht, Vater! Darf ich ihn holen?' — ‚Das könntest
du ja tun.' Und fort renne ich durch das Wohnhaus
auf die Straße, um die Ecke am Hafen entlang, und
während ich drunten aus der Dämmerung das Pfeifen
des Windes in den Tauen der Schiffe höre, habe ich
das alte Giebelhaus mit dem Vorbau erreicht. Die
Tür wird aufgerissen, daß die Klingel weithin durch
Flur und Pesel schallt. — Vor dem Ladentisch steht
der alte Kommis, der das Detailgeschäft leitet. Er
sieht mich etwas grämlich an: ‚Der Herr ist in seinem
Kontor,' sagt er trocken; er liebt die wilde, naseweise
Range nicht. Aber was geht's mich an. — Fort

mach' ich hinten zur Hoftür hinaus, über zwei kleine, finstere Höfe, dann in ein uraltes, seltsames Nebengebäude, in welchem sich das Allerheiligste des Onkels befindet. Ohne Unfall komme ich durch den engen, dunklen Gang und klopfe an eine Tür. — ‚Herein!‘ Da sitzt der kleine Herr in dem feinen, braunen Tuchrock an seinem mächtigen Arbeitspult. Der Schein der Kontorlampe fällt auf seine freundlichen, kleinen Augen und auf die mächtige Familiennase, die über den frischgestärkten Vatermördern hinausragt. — ‚Onkel, ob du nicht kommen wolltest!‘ sage ich, nachdem ich Atem geschöpft habe. — ‚Wollen wir uns noch einen Augenblick setzen!‘ erwidert er, indem seine Feder summierend über das Folium des aufgeschlagenen Hauptbuches hinabgleitet. — Mir wird ganz behaglich zu Sinne, ich werde nicht ein bißchen ungeduldig; aber ich setze mich nicht; ich bleibe stehen und besehe mir die Englands- und Westindienfahrer des Onkels, deren Bilder an der Wand hängen. Es dauert auch nicht lange, so wird das Hauptbuch herzhaft zugeklappt, das Schlüsselbund rasselt und: ‚Sieh' so,‘ sagt der Onkel, ‚fertig wären wir!‘ Während er sein spanisches Rohr aus der Ecke langt, will ich schon wieder aus der Tür; aber er hält mich zurück. ‚Ach, wart' doch mal ein wenig! Wir hätten hier wohl noch so etwas mitzunehmen.‘ Und aus einer dunklen Ecke des Zimmers holt er zwei wohlversiegelte, geheimnisvolle Päckchen. — Ich wußte es wohl, in solchen Päckchen steckte ein Stück leibhaftigen Weihnachtens; denn der Onkel hatte einen Bruder in Hamburg und er trat nicht mit leeren

Händen an den Tannenbaum. So nie gesehenes, märchenhaftes Zuckerzeug, wie er mitten in der Bescherung noch mir und meiner Schwester auf unsere Weihnachtsteller zu legen pflegte, ist mir später niemals wieder vorgekommen.

Bald darauf steige ich an der Hand des Onkels die breite Steintreppe zu unserem Hause hinauf. Ein paar Augenblicke verschwindet er mit seinen Päckchen in die Weihnachtsstube; es ist noch nicht angezündet, aber durch die halbgeöffnete Tür glitzert es mir entgegen aus der noch drinnen herrschenden ahnungsvollen Dämmerung. Ich schließe die Augen, denn ich will nichts sehen, und trete in das gegenüberliegende, festlich erleuchtete Zimmer, das ganz von dem Duft der braunen Kuchen und des heute besonders fein gemischten Tees erfüllt ist. Die Hände auf dem Rücken, mit langsamen Schritten geht mein Vater auf und nieder. ‚Nun, seid ihr da?' fragt er, stehen bleibend. — Und schon ist auch Onkel Erich bei uns; mir scheint, die Stube wird noch einmal so hell, da er eintritt. Er grüßt die Großmutter, den Vater; er nimmt meiner Schwester die Tasse ab, die sie ihm auf dem gelblackierten Brettchen präsentiert. ‚Was meinst du,' sagt er, indem er seinen Augen einen bedenklichen Ausdruck zu geben sucht, ‚es wird wohl heute nicht viel für uns abfallen!' Aber er lacht dabei so tröstlich, daß diese Worte wie eine goldene Verheißung klingen. Dann, während in dem blanken Messingkomfort der Teekessel saust, beginnt er eine seiner kleinen Erzählungen von Begebenheiten der letzten Tage, seit man sich nicht gesehen. War es nun der Ankauf eines neuen Spazierstocks oder das unglückliche Zerbrechen einer Mundtasse; es floß alles so sanft dahin, daß man ganz davon erquickt wurde. Und wenn er gar eine Pause machte, um das bisher Erzählte im behaglichsten Gelächter nachzugenießen, wer hätte da nicht mitgelacht. Mein Vater nimmt vergeblich seine kritische Prise; er muß endlich doch mit einstimmen. Dies harmlose Geplauder — es ist mir das erst später klar geworden — war die Art, wie der tätige Geschäftsmann von der Tagesarbeit ausruhte. Es klingt mir noch lieb in der Erinnerung und mir ist, als verstände das jetzt niemand mehr. — Aber während der Onkel so erzählt, steckt plötzlich meine Mutter, die seit Mittag unsichtbar gewesen ist, den Kopf ins Zimmer. Der Onkel macht ein Kompliment und bricht seine Geschichte ab; die Tür und die gegenüberliegende Tür werden weit geöffnet. Wir treten zögernd ein; und vor uns, zurückgestrahlt von dem großen Wandspiegel, steht der brennende Baum mit seinen Flittergoldfähnchen, seinen weißen Netzen und goldenen Eiern, die wie Kinderträume in den dunklen Zweigen hängen."

Noch einmal gibt uns der Dichter in einem Briefe, den er am 19. Dezember 1858[1]) von Heiligenstadt an die Eltern nach Husum schrieb, ein entzückendes Bild der Weihnachtsstimmung im Vaterhause. Obgleich er dort auf deutschem Boden lebte, fühlte er sich fern vom alten, meerumrauschten Husum als ein heimatloser Fremdling.

---

[1]) Storms Briefe in die Heimat, S. 122.

"Wie unendlich gemütlich war das einst vor Jahren zu Hause; wenn in der großen Stube die Lichter angezündet waren, der Teekessel sauste, die braunen Kuchen und Pfeffernüsse standen auf dem Tisch, Vater und wir Kinder warteten dort auf Lorenzen und Onkel Woldsen, während drüben in der Wohnstube der Weihnachtstisch arrangiert wurde. Ich sehe noch die erleuchtete Außendiele, auf die wir immer, wenn die Haustür ging, ausguckten. Und mir ist, als habe an diesem Abend die Dielenlampe besonders hell gebrannt. Wie oft wurden wir getäuscht, wenn statt der erwarteten Gäste eine Schar singender Kinder in die Haustür drängte. Aber dann ging's erst einmal hinunter in die Küche, wo der große Kessel über dem Herdfeuer stand, und wo schon die ersten Jutjen auf der Siebschüssel lagen. — Da hörte man oben die Haustür gehen — gewiß, da kommen sie — und nun wieder treppauf mit einem dampfenden Jutjen in der Hand. Auf dem Wege noch einen Blick durch das Hoftürfenster nach Clausens[1] Kontor; ja, da war's schon dunkel, der war schon mit Thomas[2] drinnen und half die Kerzen anzünden."

Ich kann einige Husumer Originale nicht unerwähnt lassen, über die uns Storm in nachgelassenen Aufzeichnungen berichtet.

"Unsere Stadt war zu meiner Kinder- und Knabenzeit mit allerlei wunderlichen Gesellen illustriert, die in der Erinnerung anderer und ernsterer Geschehnisse

---

[1]) Der Schreiber des Vaters.
[2]) Der Kutscher des Vaters.

mir noch immer wie lustige Hanswürste nebenherlaufen.

Da war zunächst Hans Schmidt; er soll vor meiner Zeit ein hübsches Vermögen besessen und vergnüglich dann verputzt haben. Seine Silbermünzen hatte er in einem großen Pulte in Rollen aufgestellt. ‚Röhrt ju Jungens!' hatte er gerufen und dabei an sein Pult gestoßen, daß die schweren Speziestaler aneinanderklirrten. Aber er selber hatte sie gerührt und als sie alle geworden, saß er mit etwas verwirrten Sinnen im Armen- oder Arbeitshause und sann auf andere Unterhaltung. Es war einer der größten Schrecken meines Kindesalters, als plötzlich eines Vormittags ein rasch sich wiederholendes Klirren und Klingen durch unser Haus ging, dergleichen ich nie gehört hatte. Hans Schmidt hatte sich einen Besen von unserem Flur geholt und damit die ganze Reihe Fenster an der Hausfront hastig eingeschlagen; vielleicht aus dem sonst nicht mehr zu befriedigenden Bedürfnisse, einmal wieder etwas klirren zu hören. In mein Kleinkindergemüt aber traf diese mir unverständliche Szene nur wie ein Stück aus einem Märchen.

Da war ferner Peter Runtum, der den Pfingst- und Michaelisjahrmarkt eintrommelte, und Jasum Pingel, der mit der Glocke, die in einem niedrigen Balkengerüst bei dem St.-Jürgen-Stifte, dem sogenannten Kloster, hing, ‚bingeln' mußte, wozu sonst die großen, schönen Glocken unserer ersten, alten Kirche dienten. Aber diese Kirche war, angeblich wegen Baufälligkeit, im Jahre 1807 abgebrochen worden und die zwei größten der drei schönen Glocken, nach denen auch die Kopenhagener, glücklicherweise doch vergeblich, die Hand ausstreckten, harrten in einem Holzverschlage an der Außenmauer des Schloßgartens der Zeit, wo sie nach Dezennien in dem abscheulichen Turm der abscheulichen, neuen Kirche wieder aufgehangen wurden. Deshalb aber mußte Peter Randum trommeln und der andere die ‚Bingel' ziehen, d. h. die kleinste der drei alten Kirchenglocken, die solcherweise in Gebrauch genommen war.

> Jasum Pingel
> Treckt de Bingel
> För en Kringel
> Und en Schnaps.

hörte ich die Jungen singen; und der Schnaps figurierte nicht umsonst in diesem Volksvers; der war wohl Jasum Pingels Erdenseligkeit und bereitete ihm jedenfalls auch das Ende dieses Lebens. An einem sonnigen Sommernachmittag, ich entsinne mich dessen deutlich, spielte ich, kaum dreijährig, in unserem Garten, an dessen Nordwestecke ein sich hinter unserer ‚Neustadt' entlang streckender Weg begann; die Hintergebäude, Ställe und Scheunen, der Straße lagen hier hinaus, und ein Düngerberg reihte sich an den andern. Von dorther hörten meine kleinen Ohren ein Geschrei und Gejohle von Knabenstimmen; aber, was es zu bedeuten hatte, blieb mir unverständlich. Erst am Nachmittage erzählte man mir, Jasum Pingel habe auf einem jener Dunghaufen in tiefem Rausche gelegen; da hätten die Jungen es nicht lassen können, so lange mit ihren Holz=

pantoffeln auf ihm zu tanzen, bis sie ihn endlich totgetanzt hätten. So verlor ich schon in frühester Jugend dieses Original.

Dauerhafter waren Holten Fike, auch Holten Kiwiet genannt, und Jürn (Jürgen) Mehlbüdel. Beide sah man wesentlich auf dem großen Marktplatze, wenn, was dreimal in der Woche geschah, dort Wochenmarkt gehalten wurde, zwischen den Korn- oder Strohwagen der Bauern oder den Butter- und Käsekörben ihrer Weiber oder ihres Gesindes. Zwischen den städtischen Kunden lief dann sicher Jürn Mehlbüdel mit seinem runden, bleichen Kindergesicht und roten Haaren, mit krummen Knien und seinem unermeßlich langen Hosenspiegel, die Hände in den Taschen, in kleinem Hundetrab umher, um sich nach Gott weiß welchem Gewerblein umzusehen, während sein Kamerad, der ebenso schmächtige, kleine Holten Kiwiet, seinem Übernamen gemäß, mehr auf einem Flecke blieb und nur den kleinen, blatternarbigen Kopf nach irgendwas Erwünschtem hin und wieder drehte; zumal, wenn aus irgendeiner Jungenkehle ein ‚Holten Kiwiet' ihm um die Ohren flog.

Die wunderlichen Kerle sind allmählich aus meinem Leben verschwunden; ob sie der Welt genützt haben, weiß ich nicht; aber ich würde sie vermissen, wenn sie plötzlich aus meiner Erinnerung verschwänden; denn sie gehören mir zum alten Husum; die beiden letzten — wer weiß es — waren vielleicht auch der ganze Lebensinhalt einer alten Mutter."

III.
Westermühlen und Hohn

Die schönsten Jugenderinnerungen knüpften sich für Theodor Storm und seine Geschwister an das Heimatdorf seines Vaters, Westermühlen. Dort wie in den Nachbardörfern Hohn und Hamdorf lebten fünf Geschwister des Vaters, deren Heimstätten seinen Kindern ein Jugendparadies wurden. Die beiden Worte Westermühlen und Hohn wirkten auf den Dichter bis an sein Lebensende wie ein Zauberwort. Als er, aus seiner Heimat vertrieben, in der Fremde lebte, erzählte er gerne in der Dämmerstunde, wie einst sein Vater ihm, seinen Kindern von Westermühlen und Hohn.

Seinen Eltern schreibt er darüber[1]:

„Heute vormittag nötigte mich Hans, von meiner Jugend und zwar von meinem Krammetsvogelfang in Westermühlen zu erzählen. Und während des Erzählens traten jene schönen, nun so lange vergangenen Herbsttage, das Bild der lieblichen, friedlichen Gegend, beschienen vom warmen Jugendsonnenschein, so lebhaft vor mein inneres Auge, daß ich mich vor Heimweh nicht zu lassen wußte."

Die Sommer- und Herbstferien wurden meistens in Westermühlen oder Hohn verbracht. Die großen

---

[1] Storms Briefe in die Heimat, S. 42.

Bauern der umliegenden Dörfer waren fast alle Ohme und Vettern, die dort in den behaglichen, geräumigen niedersächsischen Bauernhäusern wohnten. Während Theodors Knabenzeit war der älteste Bruder des Vaters, Hans Storm, ein kluger, freundlicher Mann, Besitzer der väterlichen Wind- und Wassermühle.

Seinem Freunde Mörike erzählt der Dichter von einem Herbstbesuche in der Mühle[1]):

„Wie manche Herbstferien habe ich dort verlebt! Mein Hauptquartier aber hielt ich immer auf der Mühle. Von dort aus wurde die Hauptfreude und -beschäftigung, der Drosselfang, in den etwa eine Viertelstunde vom Dorfe belegenen Wäldern betrieben. Des Abends saß ich dann mit meinem Oheim unter den Lindenbäumen vor der Tür des Wohnhauses[2]); und wir flochten Dohnen aus Weidenzweigen und drehten Schlingen aus Pferdehaaren. Den Weg zum Walde, den ich, meinen Korb mit Vogelbeeren und sonstigen Utensilien unter dem Arm, entweder in Begleitung meines Oheims, oder, wenn er keine Zeit hatte, in der seines Jagdhundes mehreremal am Tage machte, beschreibt das Gedicht[3]), wie er viele Jahre später noch vor meiner Phantasie stand."

In seiner leider unvollendeten Selbstbiographie schreibt Storm in diesem Abschnitt „Westermühlen"[4]):

---

[1]) Storms Brief an Mörike vom November 1854.

[2]) Die Wassermühle steht noch; das Wohnhaus ist einem Neubau gewichen und die alten Linden sind gefällt.

[3]) Waldweg, Bd. 8, S. 227/228.

[4]) Storm, Nachgelassene Blätter.

„Bei diesem Worte steigt ein ganzes Wald= und Mühlenidyll in mir auf; das kleine, in Busch und Baum begrabene Dorf war die Geburts= und Heim= stätte meines Vaters; hier lebten und wirtschafteten in meinen ersten Lebensjahren noch die beiden Eltern meines Vaters.

Fünf Meilen etwa, durch meist kahle Gegend, führte aus meiner Vaterstadt der Weg dahin; dann aber ist mir, als habe plötzlich warmer Baumschatten mich umfangen, ein paar niedrige Strohdächer sahen seitwärts aus dem Laube heraus, zur Linken hörte ich das Rauschen und Klappern einer Wassermühle und der Wagen, auf dem ich saß, fuhr über knirschenden Kies in eine dämmerige Tiefe. Wasser spritzte von den Rädern: wir fuhren durch ein kleines Gewässer, in dessen dunkle Flut Erlen und größere Waldbäume ihre Zweige von beiden höheren Ufern herabsenkten. Aber schon nach kaum hundert Schritten ging es wieder aufwärts, dann links herum, und auf einem freien Platze und festem Boden rasselte der Wagen vor das zur Rechten liegende Müllerhaus und mir ist noch, als sähe ich als etwa zweijähriges Bürschlein wie Schattengestalten meine Großeltern, den kleinen, strengen Großvater und die kleine, runde Großmutter aus der etwas höher belegenen und von zwei Seiten= bänken flankierten Haustür uns entgegengetreten, die wie die zu beiden Seiten gelegenen hohen Fenster des langgestreckten, schwarzen Hauses von den Kronen der davorstehenden Linden umdunkelt waren. Es ist das einzige Mal, daß ich die Eltern meines Vaters mit inneren Raum verschaffte; denn hineindringen konnte ich nicht; sie war verschlossen. Eine Reihe von Bienenkörben stand auf zwei Seiten neben- und übereinander auf hölzernen Gestellen; eine Drahtmaske, ein Sack lagen daneben im Grase; das tönende Geziefer summte von allen Körben. Das war ein „Immenhof", wie ich späterhin erfuhr, wie man sie dort zum Schutze der Bienen anpflanzte. Ich habe ihn während meiner Knabenzeit, auch später an der Hand meines Onkels oder eines älteren Vetters, stets mit einem Gefühl von Andacht betreten, als näherte ich mich einem lieblichen Naturgeheimnis.

Treten wir über die paar steinernen Treppenstufen an der Frontseite in das Wohnhaus! Auf dem geräumigen Flur, an den Seiten unter zwei Fenstern befinden sich große Kisten mit abgeschrägten Klappdeckeln; sie bergen das dem Müller zukommende Mehl, von dem im Hause verkauft wird; eine große Treppe führt nach dem Boden hinauf; links und rechts nach vorne heraus zwei geräumige Zimmer; das zur Linken das Wohnzimmer, in einer Ecke zwei Flügeltüren mit Glasscheiben, die zu einem Alkoven führten, dem Schlafraum des alten Ehepaares. Eine Tür in derselben Wand ging in die gleichfalls große, nach dem Garten hinaussehende Küche, wo ich später oftmals staunend neben dem alten Herde stand und staunend zusah, wie Möddely Marieken den in der Pfanne prasselnden Pfannkuchen plötzlich in die Höhe schleuderte, wie er in der Luft sich wandte und dann jedesmal genau mit der noch ungebackenen Seite wieder

in die Pfanne klatschte. Ich höre noch das Lachen
der Genugtuung, wenn ich der Alten meine Bewunde=
rung über dies Kunststück aussprach; und der nächste
Pfannkuchen pflegte dann meist noch um einen Fuß
höher zu fliegen.

Während es in der Wohnstube an den Wänden,
und wohin man blickte, düster und verbraucht aussah,
trat man rechts vom Flur aus in ein großes, helles
Gemach mit untadelhaft geweißten Wänden; ein großes
Fenster nach einem freien Seitenraum des Gartens
gab das Licht, was die Linden den Fenstern an der
Frontseite verwehrten. Unzweifelhaft wurden meine
Eltern bei ihrem ersten Besuche als junge Leute hier mit
mir hineingeführt; ein altmodisches Kanapee, das aus
drei zusammengewachsenen Stühlen zu bestehen schien,
und ein weißes Teegeschirr, mit roten Blumen bemalt,
das auf einem Tischchen an der Wand stand, wurden
schon damals oder später genau von mir in acht genommen.

Von vorstehenden Beobachtungen habe ich gewiß
nur wenige in meinem damaligen zweiten Jahre ge=
macht; aber ich bin später in den Michaelisferien oft
dahin auf Einladung meines Onkels Hans, der dann
als ältester Sohn der Müller war, zurückgekehrt.

Bei jenem ersten Besuche waren um die Groß=
eltern außer jenem ältesten, gescheiten und liebens=
würdigen Bruder meines Vaters, der mit ihm ein durch=
geistetes Antlitz gemein hatte, noch die jüngste, der=
zeit recht junge Schwester, meine geliebte Tante Lene
mit ihrem stillen Madonnengesichte und die nicht
hübsche, aber kluge und energische Tante Gretchen,

die später den Bauervogt Hans Carstens in dem damals gleichfalls zu Hohn eingepfarrten Dorfe Hamdorf heiratete. Mein Vater, der Jurist, hielt diese Schwester zeitlebens in besonderer Achtung; ihr ganzes Wesen war von beruhigender Sicherheit. Sie hatte aber auch schon in ihrer Jugend über ihn gewacht; wie oft hat mein Vater, wenn er, wie so oft, auf seine Jugend kam, es uns erzählt! In Westermühlen war keine Schule; die Kinder mußten etwa eine halbe Meile weit nach dem benachbarten Elsdorf gehen. Besonders im Winter scharten sie sich dann an einem bestimmten Platze ihres Heimatdorfes und traten gemeinsam ihren Schulweg an. Zu Mittag blieben die Westermühlener in Elsdorf; ein Stück Butterbrot wurde aus der Tasche gezogen und in Gesundheit verzehrt. ‚Was bekamt ihr dann zu trinken? Milch oder Bier?' fragte ich meinen Vater. Er lachte: ‚Ein großer kupferner Kessel mit frischem Brunnenwasser wurde zwischen uns auf den Tisch gestellt, da konnte jeder so viel trinken, wie er Lust hatte.'

Der Lehrer war ein alter Soldat gewesen; trotzdem meinte mein Vater noch in seinem hohen Alter, er habe seine Sache wohl verstanden, und erzählte gern, wie er am Weihnachtsabend herkömmlicher Gast in seinem elterlichen Hause gewesen und wie gern er dann den Gesprächen zwischen ihm und seinem Vater gelauscht habe."

Als Primaner in Lübeck hat Storm versucht, Westermühlen zu besingen. Das Bruchstück eines an seinen Vater gerichteten Gedichts lautet:

Westermühlen.

Die Heimat hier und hier dein erster Traum!
Das Mühlrad rauscht, so lustig stäubt der Schaum,
Und unten blinkt der Bach in tiefem Schweigen,
Ein Spiegelgrund, drin blau der Himmel ruht.
Vom Ufer rings mit ihren dunklen Zweigen
Taucht sich die Erle in die klare Flut.
Horch, Peitschenknall und munt'rer Pferdetrab!
Die Räder knirschen durch den feuchten Sand.
Halt' an, halt' an! Nun sacht' den Berg hinab
Und durch den Bach zum andern Uferrand.
Dann wieder aufwärts links den Weg entlang
Hinauf zur Mühle mit des Kornes Last,
Wo von der Eiche unermüdlich klang
Der Stare fröhlich Plaudern hoch vom Ast.
Zehn Schritte noch, da steht im Schattengrunde
Der Linden halbversteckt das Müllerhaus;
Der Müller mit der Tabakspfeif' im Munde
Lehnt in der Tür und schaut behaglich aus.

Im nahen Dorfe Hohn lebte die jüngste Vaterschwester „Tante Lene" als Frau des Kanzleigutsbesitzers Fritz Ohem. Dieser, ein behaglicher, wohlgenährter Mann, hatte für alles Interesse und war der Mittelpunkt der Familie. Er pflegte zu sagen: „Ick mag geern dick Botter mit 'n bät Brot up." Bisweilen, wenn die Husumer Verwandten in mehreren Wagen zum Besuche in Hohn anlangten, hatte er drei bis vier der jungen Mädchen zu beiden Seiten am Arm, wenn er seinen Hof hinunterschritt. Fritz Ohem und seine Frau waren gute, warmherzige Menschen. Er war, wie die Ohems noch heute, der vornehmste Bauer des Ortes.

Um das Jahr 1426 war ein Vorfahr der Ohems, Marx Sievers, Leibjäger des späteren Königs

Christian I. von Dänemark, dem er zweimal das Leben rettete. Als Christian König wurde, gab er Sievers den Namen Marquard Ohem mit den Worten: „Du hast an mir nicht wie ein Fremder, sondern wie ein Bruder und Ohem gehandelt, darum sollst du und deine Nachkommen nicht mehr Sievers, sondern Ohem heißen." Zugleich forderte der König ihn auf, einen Wunsch zu nennen, den er ihm erfüllen könnte. Ohem bat darauf um einen Bauernhof und ein Stückchen Wald im Dorfe Hohn. Der König erfüllte seine Bitte, indem er sagte: „Du Narr solltest um das ganze Dorf gebeten haben!" Derselbe Hof mit dem Wäldchen, Dirks= holm genannt, ist noch heute im Besitze der Ohems.

Das langgestreckte, niedersächsische Bauernhaus mit dem tief herabreichenden, grünbemoosten Strohdache und dem leuchtend rot angestrichenen Mauerwerk steht noch heute im Schatten uralter Linden. Hier lagen für Storm wie für seinen Vater die schönsten Kindheits= und Jugenderinnerungen.

Auf der geräumigen Diele standen alte eichene Schränke und Truhen, die im Laufe der Jahre fast schwarz geworden waren. Rechts und links von der Diele lagen die Wohnräume, nach dem Hofe hinaus die große Küche mit in Blei gefaßten Scheiben. Weite Rasenplätze breiteten sich vor dem Hause aus. Von alten Bäumen überschattet, fanden sich im Garten drei Fischteiche, auf denen einst die übermütigen Knaben in Backtrögen Kahn fuhren. Während einer solchen Fahrt fiel Theodors Uhr ins Wasser und der Teich mußte abgelassen werden, um sie wiederzuerlangen.

Unweit des Ohemschen Hofes lag der Kirchspiel=
krug, ein geräumiges, mit einer Bäckerei verbundenes
Gasthaus. Der Besitzer war ein Storm, ein Bruder
des Vaters. Sonntags lieferte die Bäckerei vorzüg=
liche Heißewecken, von denen auch die Kinder ihren
reichlichen Anteil bekamen, wenn sie während ihres
Ferienbesuches im freundlichen Giebelzimmer wohnten.
An den Sonntagen war reges Leben im Gasthause,
wenn ein Wagen nach dem andern in die Torfahrt fuhr.
Die Bauern der umliegenden, zum Kirchspiel Hohn
gehörigen Dörfer spannten bei Heinrich Storm aus.

In der Nähe von Westermühlen, an einem Arm
des Mühlenbachs, lag in grüner Busch= und Wiesen=
einsamkeit neben uralten Eichen auf dem sogenannten
Vordamm ein anmutiges Gehöft mit rotem Mauer=
werk, weißen Fensterläden und mächtigem, fast bis
zur Erde reichenden Strohdache. Hier lebte als Frau
ihres Vetters Hans Storm die Vaterschwester Gude.
Sie war zu Theodors Knabenzeit ein gebücktes, kleines
Mütterchen mit kräftigen, grauen Augen, die er vor
allen liebte. Mit ihrem Sohn Jürgen, der Theodor im
Alter am nächsten stand, beging dieser manchen Knaben=
streich. So schoß Theodor, von Jürgen verleitet, eines
Tages einen Storch vom Baume herunter, worüber ihm
sein Knabenherz noch lange bittere Vorwürfe machte.

So ging es von einem Dorfe zum andern, von
einem Verwandten zum nächsten, bis eines Tages der
Wagen vor der Tür hielt, der die Kinder wieder heim=
fuhr und der Ferienseligkeit ein Ende machte.

IV.
Schule

In nachgelassenen Aufzeichnungen schreibt der Dichter über seinen ersten Schulunterricht:

„Mit 4 Jahren kam ich in eine Klippschule, welche von einer alten Hamburgerin gehalten wurde. Ein widriges Geschick hatte sie zur Kinderlehrerin gemacht. Da ich große Abneigung gegen die Schule zu erkennen gab, wurde mir von einem Schreiber meines Vaters geraten, ich sollte nur tüchtig schreien, wenn sie mich hinbringen wollten. Ich schrie denn auch nach Möglichkeit den ganzen Weg durch die Süderstraße bis hinein in die Schulstube. ‚Pfui!‘ sagte die alte Hamburger Dame, ‚schreie nicht so! Das tun ja die Ochs und Eselein in dem Stalle.‘

Sie wurde von allen Kindern ‚Mutter Amberg‘ genannt. So wollte sie es; und sie war eine mächtige, schwerwandelnde Frau mit energischer Sprache und mit einer blauen Warze unter dem einen Auge; trotzdem wollte ich es nicht und habe sie während der mehreren Jahre meines dortigen Schulbesuchs stets nur ‚Madame Amberg‘ genannt. Des ungeachtet wurde ich ihr erklärter Liebling und habe niemals einen Schlag von ihr erhalten, noch den ‚Schimpfhut‘ auf dem Kopfe gehabt. In einer Ecke der Schulstube lagen die gefürchteten Schimpfhüte; ein Bogen Pappe war einfach halb geknickt und auf der einen Seite ein großer Eselskopf skizziert; so war es ein Schimpfhut, und der Sünder mußte damit entweder in der Ecke der Schulstube oder, war die Würde der Schule zu sehr beleidigt, sogar draußen vor der Straßentüre stehen. — Das war der Beginn meiner literarischen Bildung."

Bis zu seinem 9. Lebensjahre besuchte Storm diese Schule, wo Knaben und Mädchen zusammen unterrichtet wurden. Er wurde hier so weit gefördert, daß er 1826 in die Quarta der Gelehrtenschule aufgenommen werden konnte. Diese hatte nur vier Klassen, deren Ordinarien Rektor Friedrichsen, Konrektor Kuhlemann, Subrektor Fabricius und Kollaborator Strodtmann waren. Dazu kam noch der Schreib- und Rechenlehrer Jessen.

Diese ehrwürdige Anstalt blickte schon damals auf eine dreihundertjährige Geschichte zurück, denn ihre Gründung fällt mit der Einführung der Reformation zusammen. Herrmann Tast[1]), der erste Reformator Schleswig-Holsteins, legte, nachdem er die Einführung des evangelischen Gottesdienstes in der Marienkirche durchgesetzt hatte, mit Hilfe wohlmeinender und weitschauender Husumer Bürger den Grund zu dieser Lehranstalt, der ersten Schleswig-Holsteins.

Im Jahre 1527 übernahm Peter Bokelmann die Leitung der „in ziemlichen Anfang gebrachten" Schule. Er wurde 1552 als zweiter Prediger seit Einführung der Reformation „erwählet, weil er wegen seiner Quali-

---

[1]) Geboren 1490 in Husum und 1551 dort gestorben.

täten der hohen Herrschaft insonderlichen ansehend gewesen". In der Kapelle des St.-Jürgen-Stifts, wohin beim Abbruche der Marienkirche ein Teil der alten Bilder gebracht wurde, schaut noch heute aus dem dunklen Grunde über dem weißen Halskragen, der energische Kopf des alten Herrn in die neue Zeit hinein.

Als unter Herzog Adolfs I. Begünstigung die Schule sich erweiterte, wurde im Jahre 1586 ein geräumiges Schulhaus aus städtischen Mitteln gebaut. Bis zum Jahre 1876, wo es wegen Baufälligkeit abgebrochen werden mußte, stand es dort, wo heute östlich von der Kirche an der Süderstraße der Garten der Warteschule sich befindet. Es war nach heutigen Ansprüchen ein einfaches, unansehnliches Gebäude. In den beiden hohen Treppengiebeln zeigte es das Urbild althusumer Bauart, aber ohne jeglichen Schmuck. Das starke Mauerwerk war weiß angestrichen. Die Fenster mit kleinen, im Laufe der Zeit erblindeten Scheiben lagen hoch, die des ersten Stockwerks waren von dem tief herabreichenden Dache fast überschattet. Über der engen, schnörkelhaft verzierten Tür, deren Sandsteinschwellen muldenartig ausgetreten waren, befand sich eine einfache Steinplatte, auf der mit großen, goldenen, lateinischen Buchstaben „Gelehrtenschule" verzeichnet stand, damit der Fremde, dessen Aufmerksamkeit vielleicht durch das riesige Storchnest auf dem unförmlichen Schornstein auf das altersgraue Gebäude gelenkt wurde, über seine Bestimmung nicht im Zweifel blieb.

Der Dichter schreibt über die Schulzimmer[1]:

„Äußerst schmucklos waren jene alten Räume; höchstens, daß hie und da eine aus Strafgeldern zusammengesparte Landkarte an der Wand hing."

Wenn schon eine Karte als Schmuck der Schulräume angesehen wurde, so kann man danach nicht nur auf die Dürftigkeit der äußeren Ausstattung, sondern auch auf die Armseligkeit an Lehr- und Hilfsmitteln schließen. Außer den unentbehrlichsten Dingen: den unbequemen Schulbänken, einem zerbrechlichen Pulte, einem eisernen Beilegerofen mit Kohlenkasten, Schaufel und „Poker" fand sich kaum noch irgendein Gegenstand innerhalb der weißgetünchten Klassenwände, der als Anschauungsmittel oder Schmuck zur Bildung des Vorstellungsvermögens oder zur Weckung des Schönheitssinns bei den Schülern hätte dienen können. Mit Ausnahme der Darstellungen aus der biblischen Geschichte auf den Platten des Ofens enthielten die Räume der alten Gelehrtenschule wohl kaum jemals eine bildliche Darstellung. Storm erklärt zwar[2], daß er die Schöne griechischer Götterbilder und das Bildnis des jemaligen Herrschers dort nicht vermißt habe.

Ebensowenig war den gesundheitlichen Anforderungen Rechnung getragen. Ventile kannte man dem Namen nach höchstens aus der Beschreibung eines Pumpenmodells und von den Fensterflügeln waren

---

[1] Zerstreute Kapitel: Heimkehr, Bd. 3, S. 133/134.
[2] Zerstreute Kapitel: Heimkehr, Bd. 3, S. 134.

nur einige so eingerichtet, daß sie geöffnet werden
konnten. Nur Sonnabends wurden die Klassenzimmer
von dem Schuldiener mit einem Staubbesen gereinigt.
Die Wände aber waren seit langer Zeit nicht getüncht,
so daß z. B. in der Prima, wo jeder abgehende Schüler
das Maß seiner Scheitelhöhe an der Wand neben
seinem Namen eingetragen hatte, die Größenmaße der
ersten Klasse durch viele Generationen verfolgt werden
konnten. Die unteren Räume für die Quarta und
Tertia waren noch einigermaßen licht und freundlich,
auch nicht allzu niedrig, während die oben gelegenen
Zimmer für Sekunda und Prima durch die kleinen
Fenster nur ungenügend erhellt wurden. Die starken
Eichenbalken, auf denen die hölzernen Deckenbalken
ruhten, ragten hier so weit herab, daß man sie, auf
den Bänken stehend, bequem mit der Hand zu er=
reichen vermochte. Außer manchem Hansen, Petersen
und Fedderfen hatte hier ein Forchhammer, Esmarch,
Lüders und Stemann sich verewigt. Wilhelm Beseler,
der nachmalige Statthalter von Schleswig=Holstein,
hatte seinen Namen mit spannenlangen Buchstaben in
einen bereits vollständig beschriebenen Balken durch
die Namen seiner Vorgänger hindurch zolltief ein=
geschnitten. Andere hatten den Katheder für denselben
Zweck in Anspruch genommen. Storm erinnert sich
noch 40 Jahre nachher des halbzerschnittenen Pultes
in der Tertia, vor dem er einst „Üb' immer Treu'
und Redlichkeit" so weltvertrauend deklamierte[1]).

---

[1]) Zerstreute Kapitel: Heimkehr, Bd. 3, S. 133.

Ein größerer Raum, in dem sich alle Schüler zu gemeinsamen Zwecken hätten versammeln können, war nicht vorhanden. Schulfeste, besonders solche, zu denen noch ein mehr oder minder zahlreiches Publikum geladen wurde, mußten deshalb in den Sälen städtischer oder königlicher Gebäude abgehalten werden. Für einen Karzer war jedoch gesorgt. Er befand sich in einem engen Raume in der Spitze des südlichen Giebels, der, besonders im heißen Sommer, seine abschreckende Wirkung nicht verfehlt haben mag.

Jenseits der schmalen Straße, der Schule gegenüber, lag die Wohnung des Propstes, die sogenannte Propstei. Das Haus steht noch, seine Räume sind jedoch schon seit Jahren in den Dienst der Weltkinder gestellt und der ehemalige Konfirmandensaal ist zu einer Weinstube geworden. Der mächtige Kastanienbaum, der auf dem Propsteihofe stand und dessen Zweige zu den Fenstern der Tertia und Sekunda hinüberreichten, ist verschwunden.

„Wie oft," erzählt der Dichter von ihm[1]), „wenn es draußen Frühling war, flogen meine Gedanken über den Nepos, oder später über den Ovid hinweg und schwärmten drüben mit den Bienen um die weißen, rotgesprenkelten Blütenkerzen, die aus den jungen, lichtgrünen Blättern emporgestiegen waren."

Soviel über das Äußere der Bildungsanstalt, die Storm in seinem 9. Jahre aufnahm. Über das, was dort gelehrt wurde, urteilt er im verklärenden Lichte der Erinnerung wohl etwas zu günstig.

---

[1]) Zerstreute Kapitel: Heimkehr, Bd. 3, S. 134.

„Unser Schultisch," so meint er[1]), „war derzeit nur mit geistiger Hausmannskost besetzt: wir kannten noch nicht den bunten Krautsalat, der — ‚Friß, Vogel, oder stirb!' — den heutigen armen Jungen aufgetischt wird. Ich habe niemals Kaviar essen können, und — Gott sei Dank! — ich habe ihn auch niemals im Namen der ‚Gleichmäßigkeit der Bildung' essen müssen; diese schöne Lehre beglückte noch nicht unsere Jugend; der Fundamentalsatz aller Ökonomie: ‚Was kostet es dir, und was bringt es dir ein?' fand damals, freilich harmlos und unbewußt, auch für die Schule noch Anwendung."

Mag denn hier zur Beurteilung des Vorstehenden der Speisezettel der Quarta, an dem Storm zunächst seinen Hunger auf geistige Nahrung zu befriedigen hatte, einen Platz finden[2]). In der Woche wurden gegeben:

3 Stunden: Religion nach dem Hamburger Katechismus; die Lehre von Gott, seinen Werken und Wohltaten; die Pflichten der Menschen gegen Gott.
2 Stunden: Mathematik.
2 Stunden: Beschreibung der merkwürdigsten Amphibien, Fische und Insekten.
2 Stunden: alte Geschichte bis zur Völkerwanderung nach Brederos „Merkwürdigsten Begebenheiten".
2 Stunden: Geographie aller Länder Europas bis auf die Türkei nach Gasparis Lehrbuch.
1 Stunde: ausführliche Beschreibung des Vaterlandes (d. h. des Königreichs Dänemark).
5 Stunden: deutsche Sprache nach Heyses kleiner Grammatik; Gedächtnisübungen aus Wagners Lehren der Weisheit und Tugend.

---

[1]) Zerstreute Kapitel: Der Amtschirurgus, Bd. 3, S. 128.
[2]) Aus der Jugendzeit Theodor Storms von Joachim Rohweder.

6 Stunden: Lateinisch, Übersetzungen aus dem Lateinischen ins Deutsche nach Brökers Lektionen und aus dem Deutschen ins Lateinische nach Werners Anleitung; Einübung der Deklinationen und Konjugationen.
2 Stunden: Französisch, Leseübungen aus Gediles Lesebuch.
2 Stunden: Dänisch, Gespräche in Tobiesens kleinem Lesebuch, NB. mit Auslassung anstößiger Stellen.
3 Stunden: Rechnen.
2 Stunden: Schreiben.

Von der damaligen Lehrmethode und dem praktischen Geschick der einzelnen Lehrer ist nichts Näheres bekannt. Die Behauptung von Fritz Basch[1], daß der Herr Kollaborator, wenn man ihm grünen Hafer und eine Buchweizenpflanze unter die Nase hielte, erklären werde: „Dieses ist der Rübsamen und auf jenem wird wohl die nützliche Kartoffel wachsen," beruht auf einem wirklichen Vorkommnis.

Aber, wenn der Jahresbericht des Schreiblehrers und Rechenmeisters M. Jessen lautet:

„Nach den Grundsätzen der Unterrichtslehre sollen die Schüler stets zur Besonnenheit ihres Tuns geführt werden. Daher habe ich im verflossenen Schuljahre (1826) den Schreibunterricht nach kalligraphischen Regeln und unmittelbarer Vorschrift gegeben, sowie den Unterricht im praktischen Rechnen nach Krogmann durch mathematische Gründe, soweit es sich tun ließ, zu verdeutlichen und zu befestigen gesucht,"

so scheint es doch, daß gerade diese rein praktischen Lehrfächer weniger nach dem erwähnten „Fundamen-

---

[1] Bötjer Basch, Bd. 7, S. 17.

talsatze der Ökonomie", als vielmehr nach rein theoretischen Grundsätzen behandelt worden seien.

Über den Unterricht im Deutschen sagt Storm selbst[1]):

„Leider muß ich bekennen, daß auch die deutsche Poesie als Luxusartikel betrachtet wurde und lediglich dem Privatgeschmack anheimgegeben war; und dieser Geschmack war äußerst unerheblich. Unseren Schiller kannten wir wohl, aber Uhland hielt ich noch als Primaner für einen mittelalterlichen Minnesänger und von den Romantikern hatte ich noch nichts gesehen als einmal Ludwig Tiecks Porträt auf dem Umschlage eines Schreibbuches."

An anderer Stelle heißt es[2]):

„Auf der alten Gelehrtenschule meiner Vaterstadt wußten wir wenig von deutscher Poesie, außer etwa den Brocken, welche uns durch die Hildburghausensche ‚Miniaturbibliothek der deutschen Klassiker' zugeführt wurden, deren Dichter aber fast sämtlich der Zopf- und Puderzeit angehörten. Zwar lasen wir auch unseren Schiller, dessen Dramen in der Stille eines Heubodens oder Dachwinkels von mir verschlungen wurden, und selbst ein altes Exemplar von Goethes Gedichten kursierte einmal unter uns; daß es aber lebende deutsche Dichter gäbe und gar solche, welche noch ganz anders auf mich wirken würden als selbst Bürger und Hölty, davon hatte mein siebenzehnjähriges Primanerherz keine Ahnung."

---

[1]) Zerstreute Kapitel: Der Amtschirurgus, Bd. 3, S. 128.
[2]) Meine Erinnerungen an Eduard Mörike, Bd. 8, S. 169.

Darin mag Storm nicht unrecht haben, daß er zu den Vorzügen der „alten" Gelehrtenschule rechnet, wenn sie ihren Zöglingen den Geist nicht allzusehr einschnürte, um ihre Jugendfreuden an Wanderungen aus der Stadt ins Freie zu finden.

Damals glaubte man, durch Aussetzung der Schulstunden den Schülern Gelegenheit bieten zu müssen, an Volksfesten, Aufzügen, Jahrmärkten usw. sich beteiligen zu können.

Auch in Husum standen gelegentlich des Pfingst- und Michaelismarkts die Klassenzimmer der Gelehrtenschule je eine Woche leer. Während dieser Zeit war der Raum der Quarta einem auswärtigen Buchhändler überlassen. Um das literarische und künstlerische Bedürfnis der Husumer für das nächste halbe Jahr zu befriedigen, mußte der Tempel der Wissenschaft zum Laden eines Sortimenters hergegeben werden. In Husum gab es keinen Buchhändler. Der königliche privilegierte Buchhändler R. Koch in Schleswig bereitete zweimal jährlich die Bewohner durch eine Bekanntmachung im Wochenblatte vor:

„Ich werde, wie gewöhnlich, auch diesen Husumer Michaeli- (Pfingst-) Markt mit einem ausgewählten Sortiment Bücher, Musikalien, Landcharten usw. besuchen. Mein Stand ist in der Schule."

Wie stand es um die Schulzucht? Eines Nachmittags hatte Fritz Basch[1] unter den Quartanern eine Schillingssammlung veranstaltet und Claus Schoster

---

[1] Bötjer Basch, Bd. 7, S. 16/17

sowie einige Gesinnungsgenossen gaben gern ihren Beitrag, denn sie wußten, daß sie für ihre Sechslinge oder Schillinge ihren Spaß oder Schabernack erwarten konnten.

„Diese Schillingssammlung war nur das Vorspiel zu einem Knabenstreiche gegen den Kollaborator gewesen; mit kleinen Schellen war dabei gebimmelt und mit einer kleinen Kanone dabei geschossen worden. Alles war sehr akkurat gegangen, aber dem Alten hatte diese Lustigkeit ein Gallenfieber zugezogen; die lateinischen Stunden wurden ausgesetzt und Fritz und seine Mitschuldigen mußten eine Woche lang jeden Nachmittag nachsitzen."

Ähnliche Streiche sind später auch vorgekommen, an denen Storm sich so oder so beteiligte. Sonst ist von seinen Schulerlebnissen, seinen Arbeiten und Fortschritten nichts bekannt. Er rückte 1828 in die Tertia, 1831 in die Sekunda und 1834 in die Prima auf, die er bis 1835, seinem Abgange zur Lübecker Schule, besuchte.

Der große Tag des Jahres im Leben der Schule war die Redefeierlichkeit, wie es anfänglich hieß; später nannte man es bescheidener Redeübung. Da Storm sich ihrer noch in späteren Jahren mit großem Vergnügen erinnerte, so möge hier über zwei dieser großen Tage, die beiden wichtigsten in seinem Schulleben, kurz berichtet werden und zwar über den letzten nach des Dichters eigener Darstellung.

Im Jahre 1827 feierte die Gelehrtenschule mit einer solchen Redeübung ihr dreihundertjähriges Bestehen. Die vom Rektor P. Friedrichsen erlassenen und von den Primanern von Haus zu Haus getragenen Einladungen zeigten diesmal eine besonders vornehme Ausstattung in Papier und Druck. Sie waren in korduanfarbenem Umschlage sauber geheftet und lauteten:

„Zu der am 1. Oktober dieses Jahres, vormittags 9 Uhr, im Königssaale zum Andenken an die vor 300 Jahren geschehene Gründung unserer Schule anzustellenden Reden lade ich die hochverehrungswürdigen Mitglieder des allerhöchst angestellten Schulkollegiums, den hochlöblichen Magistrat, alle ehemaligen Schüler, jeden wohlwollenden Freund und jede teilnehmende Freundin unserer Lehranstalt mit geziemender Ehrerbietung ein."

Die außerordentliche Bedeutung der Feier wurde auch dadurch ausgedrückt, daß sie nicht, wie gewöhnlich, im Rathaussaale, sondern im Königssaale des Schlosses abgehalten wurde. Den wichtigsten Teil des Festes bildete die Rede des Rektors, der einen „Überblick über die Geschichte der Schule" gab. Deshalb war die Zahl der Redner diesmal beschränkt, während sonst etwa 20 Primaner und Sekundaner auftraten. Auch waren die von diesen zu behandelnden Aufgaben der Bedeutung des Tages entsprechend von der Schulleitung gestellt worden. So stellt denn Wilhelm Nossen aus Eckernförde den Wert des Studiums der alten Sprachen fest, während Andreas Christian Jakobsen aus Braderup zeigt, welchen Einfluß Luther auf die Verbesserung der Gelehrtenschule gehabt habe.

Christian Christiansen aus Husum schildert die Verdienste Hermann Tasts als Vertreter der Reformation und Gründer der Schule, Friedrich Heinrich Lübker aus Husum preist in einer hebräischen Ode die Vorsehung als Erzieherin des Menschengeschlechts. Es ist zu bedauern, daß keine dieser Reden der Nachwelt erhalten blieb.

Über die letzte Redeübung, die Storm in Husum mitmachte, berichtet er selbst[1]):

„Es war immer ein großer Tag, diese ‚Redefeierlichkeit'. An jenem Tage standen die Häuser der Honoratioren wie der kleineren Bürgersleute leer. Der Rattenfänger von Hameln hätte sie nicht leerer fegen können. Frauen und Töchter in Flor und Seide saßen dicht gereiht vor dem weißen Katheder mit der grünsammtenen, goldbefransten Vordüre; den Männern blieben nur die hintersten Bänke, oder sie standen an der Wand unter den großen Bildern vom jüngsten Gericht und vom Urteil Salomonis. Wer hätte auch zu Hause bleiben können, wenn wir Primaner uns nicht zu vornehm hielten, die gedruckten Einladungen in eigener Person von Haus zu Haus zu tragen! Freilich war auch diese Pflicht, besonders für die älteren Schüler, nicht ohne allen Reiz; denn die ‚Stellen', welche nach einem Maßstabe von Wein und Kuchen in ‚fette' und ‚magere' zerfielen, wurden von dem Primus Klassis streng nach der Ancienität verteilt. Die Einladungen selbst enthielten nur unsere Namen

---

[1]) Zerstreute Kapitel: Der Amtschirurgus, Bd. 3, S. 127—130.

Magdalene Feddersen als Braut

und die Themata unserer Vorträge; aber dessenungeachtet waren es keine öden Listen, wovon es heutzutage an allen Ecken wimmelt; unser alter Rektor wußte durch eine feine Abtönung auch diesen Dingen einen munteren Anstrich zu geben. Denn während der Erste nur ‚redete‘, suchte der Zweite schon ‚auszuführen‘, der Dritte ‚vertiefte sich in‘, der Vierte ‚verbreitete sich über‘; und so arbeitete jeder in seinem eigenen Charakter. Was blieb endlich mir übrig, der ich schon damals in einigen Versen gesündigt hatte? Ich selbstverständlich ‚besang‘. — ‚Matathias, der Befreier der Juden‘, so hieß meine Dichtung, welche der Rektor mir ohne Korrektur und mit den lächelnd beigefügten Worten zurückgab, er sei kein Dichter. Ich will nicht leugnen, es überrieselte mich so etwas von einer exklusiven Lebensstellung, und ich mag in jenem Augenblick meinen Knabenkopf wohl um einige Linien höher getragen haben.

Und endlich kam der große Tag. Während draußen vor der Kirche die Buden zum Michaelis-Jahrmarkte aufgeschlagen wurden, war oben in unserem Rathaussaale die Redefeierlichkeit schon in vollem Schwunge. Die an den Fenstern entlang postierte Liebhaberkapelle hatte schon einige Pausen mit entsprechenden Walzern und Ekossaisen ausgefüllt; nun aber begann ein feierlicher Marsch, und mir klopfte das Herz; denn ich hatte ihn bestellt als Ouvertüre zum Matathias. Dort stand auch mein würdiger Freund, der Doktor, derzeit Primaner und Mitglied des ‚Dilettantenvereins‘, und noch hübscher als er redete, blies er die Klarinette; heute aber leistete er das Außerordentliche. Da plötzlich noch ein heroischer Akkord, und oben auf dem Katheder stand ich in dem lautlosen Saale, die erwartungsvolle Menge unter mir. Wie durch einen Schleier sah ich noch die Dilettanten ihre Klarinettenschnäbel mit den Taschentüchern putzen;... dann:

,O Söhne Judas, rächt der Väter Schmach!'
Zum Unglück für den Leser ist das Gedicht verloren gegangen und mein Gedächtnis vermag dem Schaden nicht mehr abzuhelfen; doch kann ich versichern, daß es ohne Anstoß zu Ende gebracht wurde...

"Dein Stern ging unter, Judas Stern
Erglänzt in neuer Pracht und brennt
An deiner Gruft, die würd'ge Todesfackel."

Das waren meine letzten Worte für den Matathias."

Mit dieser Feier nahm Storm zugleich Abschied von der Husumer Gelehrtenschule. An die auf ihr zugebrachten Jahre hat er wohl gedacht, als er schrieb[1]:

„Gelernt habe ich niemals etwas Ordentliches; und auch das Arbeiten an sich habe ich erst als Poet gelernt."

Damals war es auch noch möglich, daß Theodor tagelang die Schule versäumen konnte, ehe dies bemerkt wurde. Zur Zeit der Heideblüte zog es den Knaben mit unwiderstehlicher Gewalt hinaus in die heilige Einsamkeit der Heide. Was er auf seinen Wanderungen geschaut, schildert er selbst[2]:

---

[1] Brief Storms an Emil Kuh vom 13. 8. 1873.
[2] Auf der Universität, Bd. 2, S. 114.

„Eine Strecke weiter, nur durch ein paar dürftige Ackerfelder von mir getrennt, dehnte sich unabsehbar der braune Steppenzug der Heide; die äußersten Linien des Horizonts zitterten in der Luft. Kein Mensch, kein Tier war zu sehen, soweit das Auge reichte. — Ich legte mich neben dem Wässerchen im Schatten des schönen Baumes in das Kraut. Ein Gefühl von süßer Heimlichkeit beschlich mich; aus der Ferne hörte ich das sanfte, träumerische Singen der Heidelerche; über mir in den Blüten summte das Bienengetön; zuweilen regte sich die Luft und trieb eine Wolke von Duft um mich her; sonst war es still bis in die tiefste Ferne..."

An anderer Stelle sagt er[1]):

„Seine Mütze hatte er abgenommen; die Nach= mittagssonne glühte in seinen Haaren. Um ihn her war alles Getier lebendig, was auf der Heide die Junischwüle auszubrüten pflegt; das rannte zu seinen Füßen und arbeitete sich durchs Gestäube, das blendete und schwärmte ihm vor den Augen und begleitete ihn auf Schritt und Tritt. Die Heide blühte, die Luft war durchwürzt von Wohlgerüchen.

Nun stand der Wanderer still und blickte über die Steppe, wie sie sich endlos nach allen Richtungen hinauszog; starr, einförmig, mit rotem Schimmer ganz bedeckt... Er vernahm nichts als die Heide entlang das Zirpen der Heuschrecken und das Summen der Bienen, welche an den Kelchen hingen, mitunter in

---

[1]) Ein grünes Blatt, Bd. 1, S. 98/99.

unsichtbarer Höhe über sich den Gesang der Heidelerche... Die Schmetterlinge, die blauen Argusfalter, gaukelten auf und ab, dazwischen schossen rosenrote Streifen vom Himmel zu ihm hernieder; der Duft der Eriken legte sich wie eine zarte Wolke über seine Augen. Der Sommerwind kam über die Heide..."

Er streifte über die sommerliche Heide, bis durch den braunen Abendduft die Sterne schienen.

Theodor führte auch wohl mit seinem um fünf Jahre jüngeren Bruder Johannes und seinem Freunde Ohlhues, der zweimal wöchentlich bei den Eltern Freitisch hatte, einen Streich aus. Johannes, bei dem sich schon früh die Neigung zum Landwirte zeigte, war vom Vater ein Pferd geschenkt worden. Dieses weidete auf einer Fenne außerhalb der Stadt. Anstatt die Schule zu besuchen, gingen die drei kleinen Vagabunden nach Rödemis und setzten sich alle drei auf den Rücken des Pferdes. Dieses galoppierte davon und warf seine Reiter ab. Die Kinder nahmen keinen Schaden, und das Pferd fand sich allein zur Weide zurück.

So konnten sie es treiben, bis eines Tages der Lehrer bei den Eltern erschien, um zu fragen, ob die Kinder krank seien.

V.
Lübeck

Im Herbst 1835 beteiligte sich Storm zum letztenmal an der Redefeierlichkeit im Rathaussaale. Es war derzeit Brauch geworden, die Schüler des Husumer Gymnasiums die letzten Semester der Prima auf einer auswärtigen Schule durchmachen zu lassen. Storms Vater wählte das Lübecker Katharineum, das in den dreißiger und vierziger Jahren des vorigen Jahrhunderts unter der Leitung des Direktors Friedrich Jacob in hoher Blüte stand. Mit einem guten Zeugnisse seines biederen, alten Rektors Friedrichsen verließ Storm zugleich mit seinem Freunde Ohlhues die Gelehrtenschule seiner Vaterstadt, um seiner Schulbildung in Lübeck die letzte Politur geben zu lassen.

Das erwähnte Abgangszeugnis lautete:

„Hans Theodor Woldsen Storm aus Husum und Johann Peter Ohlhues aus Hattstedt, die zur Vollendung ihrer Schulstudien das Gymnasium in Lübeck zu besuchen gedenken, haben vor ihrer Abreise mich um ein Zeugnis gebeten.

Ich bezeuge ihnen daher, daß sie sich, solange sie die hiesige Schule besucht haben, durch Fleiß und durch ihr sittliches Betragen meine volle Zufriedenheit erworben haben und daß ich für den glücklichen Fortgang ihrer ferneren Studien nicht nur die besten Wünsche hege, sondern auch zu guten Erwartungen mich berechtigt glaube.

Sie sind von Natur mit guten Anlagen ausgerüstet und haben sich durch ihren Fleiß gute Kenntnisse in den gewöhnlichen Schulwissenschaften, namentlich in den alten Sprachen, erworben. Mögen sie denn durch fortgesetzten Fleiß und ferneres gutes Betragen sich der Liebe ihrer künftigen Lehrer in eben dem Grade würdig zeigen, wie sie sich die meinige zu erwerben gewußt haben.

Husum, den 30. September 1835.

gez. P. Friedrichsen,
Rektor."

Der Lebenslauf des Direktors des Katharineums ist kurz folgender[1]):

„Johann Friedrich Jacob wurde am 5. Dezember 1792 in Halle a. S. als Sohn eines armen Schuhmachers geboren. Nach dem frühen Tode des Vaters blieb der Mutter, einer an Körper und Geist feingebildeten Frau, die Sorge für ihre vier Söhne.

Den Schulunterricht empfing Friedrich im Halleschen Waisenhause. Von 1810 an studierte er in seiner Vaterstadt und bereitete sich aufs Lehrfach vor. Im Oktober 1812 trug man ihm eine Lehrstelle am Kloster

---

[1]) J. Classen, Friedrich Jakob, sein Leben und Wirken.

unserer lieben Frauen zu Magdeburg an. So begann er an seinem 21sten Geburtstage — 5. Dezember 1812 — seine amtliche Wirksamkeit als Lehrer, die durch mehr als 41 Jahre ihm selbst und zahlreichen Schülern zu reichem Segen gedieh. 1818 wurde Jacob an das Collegium Friedericianum in Königsberg als Lehrer berufen und im Herbste 1825 wurde ihm eine Professur am Mariengymnasium in Posen und bald darauf das Amt als Studiendirektor an derselben Anstalt übertragen. Die Hoffnung auf Wiederherstellung und Selbständigkeit Polens, welche nach der Julirevolution 1830 im Königreiche zum offenen Aufstande führte, verbreitete sich auch in der preußischen Provinz Posen und rief geheime Anschläge hervor, welche auf den Sturz der bestehenden Regierung und auf das Verderben ihrer angesehensten Vertreter gerichtet war.

Jacob, der aus seiner deutschen Gesinnung kein Hehl machte und in seinem Kreise für deren Ausbreitung und Befestigung gestrebt hatte, war beim Ausbruch des verhaltenen Grolls ernstlich in seiner Existenz bedroht. Unter solchen Umständen mußte ihm eine Veränderung seiner Lage lebhaft erwünscht sein.

Schon stand er wegen Übernahme eines Direktorats an einem rheinischen Gymnasium in Unterhandlung, als der Ruf an das Katharineum in Lübeck im Sommer 1831 an ihn gelangte. In Lübeck blieb er bis zu seinem am 1. März 1854 erfolgten Tode."

Jacob war ein ausgezeichneter Erzieher, stramm und strenge, aber dabei von einer wahrhaftigen Liebe für seine Schüler beseelt. Er suchte jedem in seiner

Eigenart gerecht zu werden und ihn zu dem zu machen, wozu ihn die Natur berufen zu haben schien. Ein älterer Bruder, der Zeuge seiner Wirksamkeit in Posen gewesen war, legte ein beredtes Zeugnis für ihn ab[1]):

„Einen Mann, der sich durch sein liebevolles Gemüt, seinen unermüdlichen, zu jedem Opfer bereiten Eifer für die Jugend, durch seine vielseitige Bildung und durch sein Verständnis der jungen Gemüter mehr zum Direktor einer Gelehrtenschule geeignet hätte, als mein seliger Bruder, habe ich nicht gekannt."

„Jacob betrachtete die Schule als seine Familie und sich als ihren Vater; und wieder der Gegenstand seiner besonderen Fürsorge war seine Prima."[1])

Er hörte es gern, wenn seine Schüler von ihm als von „unserem Alten" sprachen.

Um auch über die Grenzen der Schule hinaus einen geistig anregenden Einfluß auf seine Schüler zu gewinnen, versammelte Jacob im Winter einmal wöchentlich einen kleinen Kreis von Primanern, zu denen auch Storm gehörte, auf seinem Zimmer. Hier lasen sie Theokrits Idyllen und disputierten über das Gelesene in lateinischer Sprache.

Alljährlich wurde ein Schulfest gefeiert, um Lehrer und Schüler einander nahezubringen. Gelegentlich der hierbei gemachten Ausflüge in Lübeck's Umgebung nahm Jacob an dem sorglosen Treiben der Jugend teil. In einem ländlichen Wirtshause wurde ein einfaches Mahl

---

[1]) J. Claßen, Friedrich Jakob, sein Leben und Wirken, S. 51 bzw. 63.

genommen, und nachmittags kamen die Frauen und
Kinder der Lehrer nach. Bisweilen galt der Ausflug
der oberen Klassen der Öffnung eines Hünengrabes,
an denen die Umgegend Lübecks reich ist. War die
Beute auch meistens gering, so gewährte doch das
frische, fröhliche Zusammensein von Lehrern und
Schülern viel Freude.

Eine besondere Erwähnung verdient noch der damals ganz junge Lehrer Johannes Claſſen[1]). Im
Jahre 1833 erhielt er vom Senate der Stadt Lübeck
den Ruf, eine erledigte Stelle und den Unterricht in
den oberſten Klaſſen des Katharineums zu übernehmen.
Er erteilte in der Prima den Unterricht im Deutſchen,
im Griechiſchen und in der neueren Geſchichte. Litzmann[2]) ſagt, er habe durch ſeine jugendliche Friſche
und Unmittelbarkeit begeiſternd auf ſeine Schüler gewirkt. Beſonders anregend ſeien ſeine Vorträge über
deutſche Literatur geweſen.

Dr. Ludwig Wieſe[3]) ſchildert Claſſen als eine
der edelſten Geſtalten unter den Vertretern des deutſchen Schulweſens in den mittleren Dezennien des
vorigen Jahrhunderts. Er und Jacob wirkten in glücklichſter Übereinſtimmung für das Wohl der Schule
ſowohl in der Berufsauffaſſung als auch in der Behandlung der Jugend.

---

[1]) Claſſen, am 21. 11. 1810 als Sohn eines Malers in Hamburg geboren, war in jüngeren Jahren Erzieher im Hauſe des Hiſtorikers Niebuhr, ſpäter Direktor des Frankfurter Gymnaſiums. Er ſtarb am 31. 8. 1890 als Direktor des Johanneums zu Hamburg.

[2]) Karl C. T. Litzmann, Emanuel Geibel, S. 10.

[3]) Vortragender Rat im preußiſchen Kultusminiſterium.

„Bei Jacob überwog die ruhige Entschiedenheit, bei Classen die frische Beweglichkeit. Sein ideales Streben, die Lauterkeit und Bescheidenheit seiner Gesinnung, verbunden mit wahrer Vornehmheit des Empfindens, zwangen ihm, wo er weilte, die Herzen der Menschen, denn auch die Herzen der Schüler gewann er überall, wo er wirkte, er brachte ihnen selbst das Herz entgegen."[1]

„Getragen von solchen Einflüssen, war auch unter den Schülern der Prima in jener Zeit ein ideales Streben vorherrschend."[2]

Das Innere des Katharineums schildert uns Wilhelm Jensen in seinen Heimaterinnerungen[3].

„Zwar erschien es, gleich dem Ratskeller, beim ersten Eindruck von mittelalterlicher Art, man stieg zu ihm keine Treppe hinan, sondern hinunter; doch die Schulräume des Katharineums verscheuchten sogleich das unbehagliche Gefühl, empfingen den Eintretenden hoch und hell und luftig. Ein altes Franziskanerkloster war's, auch von seinen Wänden, aus seinen Winkeln sah überall seine Vergangenheit hervor... Eine Welt für jeden, der als Schüler in ihr aus- und eingegangen. Anders wie bei den Angehörigen sonstiger Schulen hielt sich zwischen ihnen ein gewisses Band fest verknüpft; ob sie sich kannten oder nicht, sie fühlten

---

[1] Johann Classen, Gedächtnisschrift des Johanneums.
[2] Litzmann, Emanuel Geibel, S. 11.
[3] Geibel, Aufsatz in Velhagen & Klasings Monatsheften, Jahrg. 1899/1900.

einen Zusammenhang beim Kundwerden, daß sie auf denselben Bänken im Katharineum gesessen hatten."

In diese geistige Atmosphäre trat nun Storm ein, als er im Herbste 1835 in die alte Hansestadt übersiedelte. Geibel war bereits 1834 von Lübeck geschieden und hatte Storm seinen teuersten Jugendfreund, Ferdinand Röse, hinterlassen. Geibel und Röse hatten schon dem Chamissoschen Musenalmanach Beiträge geliefert, an den alten Fouqué Huldigungsgedichte gesandt und eine Antwort erhalten.

Auf der Gelehrtenschule in Husum, wo die Schüler unter sich noch das heimische Plattdeutsch sprachen, war dem jungen Storm die literarische Vergangenheit seiner Heimat kaum zum Bewußtsein gekommen; auch von moderner Literatur wußte man dort wenig. Von den Romantikern waren nur die Bilder bekannt, die sich gelegentlich auf den Schreibheften befanden. Die Prima besaß gemeinsam einen Band von Goethes Gedichten. Zwar standen im Bücherschranke seiner Mutter Goethes „Hermann und Dorothea" und die später von Storm so geliebte Dichtung „Luise" von Voß; doch er las sie nicht. Aber Schillers Gedichte kannte und schätzte er. Am liebsten las er sie oben in dem alten Birnbaum sitzend, der den unter ihm liegenden Steinhof beschattete. Die Schillerschen Dramen und die Spindlerschen Romane verschlang der Knabe im heimeligen Dämmer der weiten Hausböden, auf dem „Gesundheitspferde"[1] seines Großvaters reitend.

[1] Vgl. Zerstreute Kapitel: Von heut' und ehedem, Staub und Plunder, Bd. 3, S. 180.

Aus der „Kabinettsbibliothek deutscher Klassiker" lernte er Bürgers, Höltys und Seumes Dichtungen kennen. Den schwäbischen Meister Uhland aber hielt Storm noch als Primaner für einen mittelalterlichen Minnesänger.

Ferdinand Röse gewann einen weitgehenden Einfluß auf die geistige Entwickelung Storms, darum muß ich, um ein Bild dieses später so unglücklichen Menschen zu geben, etwas weiter ausholen.

Johann Anton Ferdinand Röse wurde am 27. September 1815 in Lübeck geboren, wo sein Vater als Kornmakler lebte[1]). Ferdinand war körperlich zart, aber er besaß einen übersprudelnden Geist, eine leicht erregbare Einbildungskraft und früh entwickelte Beobachtungsgabe. Von seiner ebenfalls kränkelnden Mutter wurde er sorgsam gepflegt, ja fast verzärtelt. Gleichsam als Ersatz für seine Kränklichkeit wurde ihm jeder Wunsch erfüllt, auch dann, wenn er ihm besser versagt geblieben wäre.

Eine innige Freundschaft, die schon in der Kindheit wurzelte, verband ihn mit dem nur wenig jüngeren Emanuel Geibel, dem Sohn des Pastors Geibel in Lübeck. Geibel gedenkt dieser Freundschaft in seinen Aufzeichnungen „Aus der Jugendzeit".

Seit dem 10. Lebensjahre besuchte Röse das Gymnasium. Seine Schulstudien wurden vielfach durch Kränklichkeit und später durch eine zweijährige Lehrlingszeit in einer Buchhandlung unterbrochen. Dem

---

[1]) Bei der folgenden Schilderung ist Johann Anton Ferdinand Röse, eine Lebensskizze von Dr. Edmund Schärer, benutzt.

Drange nach geistiger Durchbildung folgend, kehrte er aufs Katharineum zurück. Hier verlebte er Jahre voll geistiger Anregung im Verkehr mit Geibel, Wilhelm Mantels, Georg und Ernst Curtius, Niebuhr, dem Sohne des Historikers, und Wattenbach. In Röses letztes Schuljahr fällt die Freundschaft mit Storm. Durch ihn trat Storm den Dichtungen Uhlands wirklich nahe; die Balladen ließen ihn kalt, während die Frühlingslieder ihn entzückten.

Von der Zeit an waren Uhlands Frühlingslieder ihm untrennbar vom Lenze. Wenn die ersten Frühlingstage ins Land zogen, die Veilchen blühten und von den Feldern her der Gesang der Lerchen zu ihm in die von Sonnenlicht durchflutete Studierstube drang, dann nahm Storm gewiß Uhlands Gedichte aus dem Glasschranke und las irgendeinem seiner Lieben daraus vor:

„O sanfter, süßer Hauch,
Schon weckest du wieder
Mir Frühlingslieder.
Bald blühen die Veilchen auch."

oder:

„Süßer, gold'ner Frühlingstag!
Inniges Entzücken!
Wenn mir je ein Lied gelang,
Sollt' es heut' nicht glücken?"

Auf dem Rande seines Bettes sitzend, las Röse dem selbstvergessen lauschenden Storm Goethes „Faust" vor, der wie eine Offenbarung auf ihn wirkte. Storm faßte eine tiefe Liebe zu Eichendorffs Dichtungen, die neben Heines den größten Einfluß auf ihn gewannen.

In einem Briefe an Karl Litzmann[1]) gibt Storm eine anschauliche Schilderung seines Verhältnisses zu Röse und dessen Äußerem:

„Seine äußere Erscheinung war nicht eben einnehmend, wenn man nicht die kleinen, freundlichen, wie mitredenden Augen dafür nehmen wollte; er machte den Eindruck eines Mannes, der in kränkelnder Kindheit aufgewachsen ist, und hatte nichts Jugendliches. Sein Antlitz war gelblich fahl, sein dürftiges Haar von mattem Dunkelblond. Dazu paßte der lange, etwas abgetragene schwarze Rock mit zwei Reihen Knöpfen, der um die mittelgroße Gestalt schlotterte.

In seinem Wesen, besonders auf seinem Zimmer, wo die Schriften alter und neuer Philosophen ihn umgaben, hatte er etwas Feierliches, wie der Meister eines Geheimbundes; er hörte gern, wenn ein anderer zu ihm sprach, aber meist mit einem freundlichen, etwas überlegenen Lächeln auf den Lippen; doch konnte dies Wesen auch mitunter von einer etwas forcierten Karnevalslustigkeit abgelöst werden; mir klingt noch das: ‚Hei, hei!‘ in den Ohren, das er dann wohl ausstieß."

In seinem mit behaglichem Hausrat ausgestatteten Zimmer im alten Vaterhause an der Trave weihte Röse Storm in Heines ihm noch unbekanntes „Buch der Lieder" ein.

„Aus dem verschlossenen Geldschrank, der den Oberteil einer Schatulle bildete, nahm er das Exemplar auf schlechtem Druckpapier, und während wir am

---

[1]) Emanuel Geibel von Karl Litzmann, S. 18—20.

warmen Ofen saßen, und draußen der Wind durch die Schiffstaue sauste, begann er mit gedämpfter Stimme zu lesen: ‚Am fernen Horizonte‘, ‚Nach Frankreich zogen zwei Grenadier‘, ‚Über die Berge steigt schon die Sonne‘, und so eins nach dem andern; zuletzt: ‚Wir saßen am Fischerhause und schauten nach der See‘. Ich war wie verzaubert von diesen stimmungsvollen Liedern, es ward Morgen und es nachtete um mich, und als er endlich, fast heimlich das Buch fortlegend, schloß: ‚Das Schiff war nicht mehr sichtbar, es dunkelte gar zu sehr‘, da war mir, als seien die Tore einer neuen Welt vor mir aufgerissen worden. Gleich am andern Morgen kaufte ich mir — es war der erste Druck noch — das ‚Buch der Lieder‘, und zwar auf Velinpapier."

Röse glaubte sich in dieser Zeit zum Dichter berufen. „Doch waren," schreibt Litzmann[1]), „seine jugendlichen Erzeugnisse, wenn sich auch eine reichangelegte Natur darin kundgab, meist unklar, überschwänglich und fast immer formlos." Es gelang ihm, ein kleines Gedicht im Chamissoschen Musenalmanach anzubringen:

An den Mond.

Der Vollmond fuhr auf silbernem Kahn
Dahin am Himmelsdome.
Er glaubte, kein Unglück könne ihm nahn
Im azurblauen Strome.

Da hat sich der Wolken riesige Faust
Empor am Himmel geschwungen;
Und wie von fern der Sturm erbraust
Ist Nachen und Schiffer verschlungen."

[1]) Emanuel Geibel von Karl Litzmann, S. 16/17.

Auch Storm versuchte, wenn auch vergeblich, mit einem Gedicht, das er an den Chamisso-Schwabschen Musenalmanach sandte, an die Öffentlichkeit zu treten. Eine Lübecker Sage war darin verwertet und es lautete:

Der Bau der Kirche St. Marien zu Lübeck.
(Legende.)

Zu Lübeck, der heiligen Stätte,
Da ward eine Kirch' erbaut
Der heiligen Jungfrau Maria,
Der keuschen Himmelsbraut.

Und als man den Bau begonnen,
Da hat es der Teufel gesehn,
Der meinte, an selbiger Stelle
Ein Weinhaus würde erstehn.

Draus hat er gar manche Seele
Sich abzuholen gedacht,
Und drob das Werk gefördert,
Ohn' Rasten Tag und Nacht.

Die Maurer und der Teufel,
Die haben zusammen gebaut,
Doch hat ihn bei der Arbeit
Kein menschlich Auge geschaut.

Drum, wie sich die Kellen auch rührten,
Es mochte keiner verstehn,
Wie in so kurzen Tagen
So großes Werk geschehn.

Und als die Fenster sich wölbten,
Der Teufel grinset und lacht,
Daß man in einer Schenken
So tausend Scheiben macht.

Doch als die Bogen sich spannten,
Da hat es der Teufel erschaut,
Daß man zu Gottes Ehren
Hier eine Kirche erbaut.

Da fuhr er gar wild von hinnen,
Holt einen Fels zur Hand,
Und flattert hoch in Lüften,
Von männiglich erkannt.

Schon holt er aus zum Wurfe
Aufs heil'ge Prachtgebäu,
Da tritt ein Maurergeselle
Hervor gar keck und frei.

‚Herr Teufel, laßt Euch raten,
Verrenket den Arm Euch nicht,
's ist besser, daß man in gutem
Mitsammen den Handel bespricht.'

‚Wohl,' heulte der Teufel, ‚so bauet
Ein Weinhaus nebenan,
Daß ich mein Werk und Mühen
Nicht schier umsonst getan.'

Und als sie's ihm gelobet,
Da schleudert er den Stein,
Auf daß sie sein gedächten,
Hart in den Grund hinein.

Und als der drauf entfahren,
So ward noch manches Jahr
Gebaut, bis zu Sankt Maria
Die Kirche vollendet war.

Drauf hat man dem Teufel zu Willen
Den Ratsweinkeller gebaut,
Wie man ihn noch heutzutage
Nicht weit von der Kirche erschaut.

Noch jetzt für Kirch' und Keller
Gar mancher gute Christ
In seines Herzens Grunde
Dem Teufel dankbar ist."

Der Musenalmanach lehnte das Gedicht ab. So blieb es einstweilen in einem Büchlein, von Storm

„Meine Gedichte" überschrieben, der Welt verborgen, bis es später im Biernatzkischen Volkskalender für Schleswig-Holstein und Lauenburg einen Platz fand. Noch manches Gedicht wurde in das kleine Buch eingetragen. Röse aber übte unbarmherzige Kritik und schrieb quer über diese Gedichte:

Denique sit, quid sit, simplex duntaxat et unum.

Auch sagte er ihm mehr als einmal: „Du bist geistig tot!" Trotzdem schrieb Storm Röse bei seinem Abgange zur Universität eigene Poesie ins Stammbuch.

In Röses Stammbuch.

Doch sieh', in nahen und in fernen Zeiten,
Viel schöne Bilder tauchen wechselnd auf.
Doch wie auch manche schon mein Herz erfüllten,
Sie kamen schnell und schwanden bald darauf.
Rasch flieht die Gunst der lustverträumten Stunden;
Mein Ideal ist nicht so leicht gefunden.

Doch wenn ich nun dies hohe Bild gefunden,
Das ich so oft im Traume schon geschaut,
Wenn ich die Wirklichkeit in festen Armen halte,
Und ganz mein eigen ist die süße Braut,
Dann mag wohl froher meine Weise klingen,
Wenn Flur und Wald nur Glück und Liebe singen.

Jetzt reißt die Zeit dein freundlich Bild vorüber,
Das, schnell erkannt, nicht lange mich erfreut.
Du kennst mein Leid, mein Hoffen und mein Lieben,
Uns trennt das Leben nicht für alle Zeit.
Wenn Glück und Liebe auf mich niedertaun,
Dann komm' zu mir den Segen anzuschaun.

Doch das Leben führte sie gar zu verschiedene Wege; selten nur und flüchtig sahen sie sich wieder. Nach glänzend bestandener Abgangsprüfung bezog Röse 1836 die Universität Berlin, um sich dem Studium der Philosophie, Kunstgeschichte und Archäologie zu widmen.

Während des Winters verkehrte er viel mit Franz Kugler, dem er seine Gedichte widmete, mit Chamisso, Häring (Willibald Alexis), Hitzig und Grubbe. Eine Faustaufführung, die ihm durch Seidelmann bedeutsam wurde, veranlaßte ihn zu einer kleinen Schrift: „Über die szenische Darstellung des Faust und Seidelmanns Auffassung des Mephistopheles."

Nach einem sehr kostspieligen Aufenthalte in Paris ging Röse, einem unbestimmten Drange nach dem Süden folgend, nach Basel. Seine Börse war erschöpft. Er hoffte, seinen Vater, der bisher stets für ihn eingetreten war, eher für ein Studium an der Baseler Universität, als für die Fortsetzung seiner Reise nach Italien bestimmen zu können — so blieb er in Basel.

Das ernste Studium war ihm jedoch Nebensache, er folgte seinen besonderen Neigungen, indem er die reiche Bibliothek benutzte und Ausflüge in den Schwarzwald, die Vogesen und den Jura machte. Um seinen beschränkten Geldverhältnissen aufzuhelfen, schrieb er: „Lübsche Sagen" und einen „Führer durch Basel". Die Frucht seines Quellenstudiums war sein „Versuch einer durch historische Entwickelung erworbenen Philosophie", von dem er sich viel versprach; aber er fand keinen Verleger.

„Nachdem nun Röse schon gegen den Schluß der dreißiger Jahre sein Fazit aus der Geschichte der Philosophie gezogen und sein eigenes Prinzip darauf gegründet, baute er im Verlauf seines Lebens darauf weiter."¹)

Im Herbste 1839 ging Röse nach München. Von hier aus sandte er die erste Hälfte seiner „Erkenntnis des Absoluten" an die Tübinger Universität und erwarb die philosophische Doktorwürde. Sein Aufenthalt in München wurde wieder durch Geldverlegenheiten — der Vater weigerte sich, noch weitere große Summen zu schicken — und Kränklichkeit getrübt. Mit gebrochener Gesundheit kehrte er im Frühling 1840 nach Lübeck zurück. Trotz seiner umfassenden Bildung fehlte ihm jede Aussicht, sie verwerten zu können. Zur Anstellung an einer Gelehrtenschule mangelten ihm die bestimmten Kenntnisse.

Nachdem er im Ostseebade Scharbeutz seine Gesundheit etwas gekräftigt hatte, ging er nach Berlin, wo er die akademische Laufbahn zu betreten gedachte. Es gelang ihm aber nicht. 1842 begab er sich, mit Empfehlungen bedeutender Männer ausgerüstet, nach Stuttgart in der Hoffnung, sich in Tübingen, Heidelberg oder Bern zu habilitieren. Obgleich seine zukunftsvollen Ideen von bedeutenden Männern anerkannt wurden, scheiterten doch alle seine Pläne am Geldmangel.

„Der sonst so zartfühlende Mann sah schließlich nichts Schmähendes darin, von seiner Freunde, ja von fremder Menschen Geld zu zehren, die ihm Vertrauen schenkten, und Anleihen mit Anleihen zu decken.

---

¹) Schärer, J. A. F. Röse.

Aber Röse war ein Schwärmer, denn trotz aller Bedrängnis hielt er an dem Glauben fest, Gott werde ihn noch an die rechte Stelle setzen."[1])

Neben seinen philosophischen Arbeiten gab er Gymnasiasten Unterricht, die Stunde für 6 Kreuzer, und schrieb einen Volkskalender, den „Pilger durch die Welt" — 1844—45 —, für den auch Geibel, Alexis, Kugler und Schwab Beiträge lieferten.

Storm schrieb ihm auf ein übersandtes Exemplar des „Pilgers durch die Welt" hin:

„Du neuer Abu Seid, so hast du endlich
Dein eig'nes Wesen frei ans Licht gestellt,
Und wanderst, jedermann erkenntlich,
Als deutscher Pilger durch die Welt.

Du Philosoph, Chronifte und Poete,
Und was noch sonst — wohin du immer kannst —
Ich grüß' in dir das Liebe, Alte, Stete,
Ich grüße dich, Magister Anton Wanst!"

Eine neue Hoffnung auf eine gesicherte Zukunft erschloß sich Röse in dem Plane, eine Erziehungsanstalt zu gründen. Er hatte einen Genossen gefunden und der Vater hatte das nötige Geld zugesagt, acht Schüler waren angemeldet — aber auch dieser Traum zerrann.

Eine Verlobung machte ihn schließlich auch noch sehr unglücklich. „Die Sache hat mich an den Rand des Grabes gebracht," schreibt er an Schärer, „das einzige, was mich oben hält, ist meine immer mehr reifende Philosophie."

---

[1]) Schärer, J. A. F. Röse.

"Die Furien der seit Jahren mit Anleihen gedeckten Anleihen verfolgten den armen Mann überallhin und hinderten ihn, in einer festen Stellung Fuß zu fassen."[1])

Im Jahre 1852 verschaffte Geibel seinem Freunde eine glänzende Stellung als Hauslehrer und Bibliothekar in einem fürstlichen Hause, eine Versorgung auf Lebenszeit, aber Röse lehnte sie ab. Er zog es vor, unter Hunger und Not sein philosophisches System niederzuschreiben und Schulden auf Schulden zu häufen. Nur der Philosophie fühlte er sich verbunden, für sie arbeitete er ununterbrochen, unermüdlich.

Nach einer langen, schweren Krankheit wurde Röse, der erst seit kurzem bei guten Bekannten in Kruft a. Rh. Aufnahme gefunden hatte, ins Koblenzer Schuldgefängnis abgeführt. Von hier aus sandte er Notschreie an seine Freunde, so auch an Storm, mit dem er nach zwölfjähriger gänzlicher Entfremdung wieder in Verbindung getreten war[2]). Er schildert ihm in einem Briefe vom 22.6.1854 aus dem Zivil-Arresthause seine unglückliche Lage in ergreifenden Worten:

"Selbst das bescheidenste Glück sollte nur von kurzer Dauer sein. Denn kaum hatte ich, wie ich Dir in meinem letzten Briefe meldete, einige Unterrichtsstunden erlangt und freute mich der nahen Aussicht auf mehrere, als mein Gläubiger mich verhaften ließ,

---

[1]) Schärer, J. A. F. Röse.
[2]) In einem späteren Briefe an Geibel schreibt Röse über seinen neu angeknüpften Briefwechsel mit Storm: "Unsere Unterhaltung dreht sich um Jugenderinnerungen, in welche dieses milde, liebe, kindliche Gemüt sich so gerne vertieft."

und so sitze ich nun schon seit Monaten im Gefängnis.
Du wirst mir's ohne weiteres glauben, daß ich meine
ganze Kraft zusammennehmen muß, um nicht zu ver=
zweifeln. Dennoch ist mein Mut nicht gebrochen und
kann nicht gebrochen werden, möge kommen, was da
will. So darf ich jetzt sagen, nachdem ich monatelang
diese Prüfung erduldet habe. Es muß auch dieses
Prüfungsfeuer für die Läuterung meines Innern not=
wendig gewesen sein, damit meine Weltanschauung ein
gestähltes Schwert werde für diese zerfahrene Zeit in
meiner Hand oder der eines anderen — das ist gleich=
viel. Aber schwer ist wahrlich die Prüfung und wer's
nicht an sich selbst erfahren hat, wird sich kaum eine
Vorstellung davon machen können, wie einem sittlich
ungebrochenen Menschen zumute ist, wenn am Abend
die Riegel und Vorhängeschlösser an den Türen an=
gelegt werden und das Morgenrot durch Eisengitter
hereinscheint. Ihr wißt, wie schlecht mir's diesen Winter
durch Krankheit usw. ergangen ist. Mein bester Trost
mußte die Hoffnung auf den Sommer sein, und jetzt
ist er da — und ich sehe ihn bei verschlossenen Türen
vorüberziehen. Am schwersten wird mir's, daß ich, wie
sich's hier von selbst versteht, nur halbverstohlenerweise
an der Vollendung meiner Philosophie fortarbeiten
kann. Aber seid unbesorgt, sie wird fertig, und was
unter so schwierigen Umständen mit so viel Ernst ge=
prüft und wahrlich auch praktisch erprobt ist, das muß
etwas Gediegenes und Großes werden. Dazu wird
Gott, wenn es an der Zeit ist, auch endlich seinen
Segen geben."

Der Brief schließt mit einer dringenden Bitte um Geld, die Storm nicht erfüllen konnte, weil er, seit 1853 mit seiner Familie in der Verbannung, selbst in Geldverlegenheit war.

Nachdem Röse sechs Monate im Gefängnis zugebracht hatte, kaufte ihn sein Vater los. Geibel bot ihm noch einmal die Hauslehrerstelle in Schlesien an — Röse lehnte sie wieder ab, um ganz seinen philosophischen Arbeiten zu leben.

„Im Jahre 1857 machte Röse sich, von dem immer treuen Geibel unterstützt, auf die Reise, um sich in Basel um eine erledigte philosophische Professur zu bewerben; er hatte aber seine Kraft überschätzt; in Mainz warf ihn sein Übel — Blutspeien und Stickhusten — danieder und er mußte, auf alle schönen Hoffnungen des Lebens verzichtend, nach seinem Dorfe bei Koblenz zurückkehren[1]).

Niebuhr[2]), auch ein Freund Röses, von dem er aber in den letzten Jahren durch eine verschiedenartige Lebensauffassung getrennt war, hatte ihm im vorigen Jahre versprochen, ihm ausreichende Hilfe für den schwachen Lebensrest zu verschaffen. Ehe aber das ausgeführt wurde, saß Niebuhr irrsinnig im Haus Bethanien."

Röses Not ward immer größer. In einem Briefe vom 6. 1. 1858 an Storm, den er nach alter Gewohnheit im ungeheizten Zimmer schrieb, sagt er:

---

[1]) Storm, Briefe in die Heimat, S. 105.
[2]) Marcus Niebuhr, Sohn des bekannten Geschichtsforschers.

„Jetzt geht es, Gott sei Dank, mit mir zu Ende und da will ich von Dir Abschied nehmen. Im Herbst 1856, wo das Maß meiner Drangsal den höchsten Punkt erreicht hatte, wurde ich lebensgefährlich krank und lag 3 Monate darnieder — seitdem hat die Auszehrung langsam, aber sicher ihre Fortschritte bei mir gemacht; ich werde die Bäume nicht wieder grünen sehen. Die Aussicht auf die letzten 2 bis 3 Monate, wenn die Lunge ihren Dienst allmählich immer mehr versagt und ich bald so matt sein werde, daß ich auch nicht einen hilfesuchenden Brief schreiben kann, ist so furchtbar, wenn man unter fremden Leuten lebt und für den äußersten Fall nicht einmal einen kleinen Reservefonds hat. Ich habe deshalb in letzter Zeit an die nächsten alten Freunde geschrieben — es ist ja unzweifelhaft das letzte Mal. Ich muß beizeiten für die schreckliche Auflösungsperiode Sorge tragen, wenn ich nicht vorher verzweifeln soll. Ich muß dann z. B. jemanden zur Aufwartung haben.

Storm, es ist mein Abschiedsbrief von Dir und vom Leben, habe Dank für alle mir so oft bewiesene Liebe und Treue — verschaffe mir 25 und, wenn irgend möglich, 50 Taler, denn soviel brauche ich sicherlich, um ohne Nahrungssorgen wenigstens sterben zu können, wenn ich schon seit 20 Jahren nie ohne dieselben leben durfte.

Antworte dieses Mal, und zwar bald, recht bald, wenn ich auch froh und vertrauensvoll dem Jenseits entgegensehe, — Du kennst ja mein altes Lied:

> Kommt an Philister Sorg' und Not,
> Sollt' Lebenswürze sein.
> Wer liebte, so wie Gott gebot,
> Und treu gekämpft bis in den Tod,
> Geht in den Himmel ein. —

so ist diese Ungewißheit über das Schicksal meiner letzten Stunden für einen körperlich schwer leidenden Menschen doch zu viel.

Der liebe Gott gebe Euch allen noch manch frohes, glückliches neues Jahr auf dieser schönen Welt, und denkt dann zuweilen an den armen, alten Lazarus, dessen Verbrechen war, daß er zum Wohle der Menschheit mehr leisten wollte, als man in dieser Zeit leisten kann, an den Dr. Antonius Wanst, dessen Bestrebungen und Leistungen ganz gewiß in künftigen, über den großen Endzweck des Lebens klaren Zeiten anerkannt und ihrem Werte nach gewürdigt werden. Ich freue mich mit der unzweifelhaften Zuversicht eines Sterbenden auf den Augenblick, wo ich das in Himmelshöhen erfahren werde.

Mit alter Liebe und Treue
Euer
Ferdinand Röse."

Storm versuchte durch ein Rundschreiben an seine Schulfreunde eine kleine Summe zusammenzubringen und wandte sich unterm 4. 2. 1858 auch an Geibel:

„Seine nicht zu entschuldigende Art, die Taschen seiner Freunde als die seinigen anzusehen, mag allerdings die Freunde abgeschreckt haben; überdies mögen außer uns beiden wenige herausgefunden haben, daß diese Seite seines Charakters nur etwas Sekundäres ist. Es liegt doch auch eine Größe darin, wie er, unbekümmert darum, daß die Welt ihm immer aufs neue den Rücken wendet, sein System unter Hunger und Not niederschreibt, und wie er jetzt in dem unerschütterlichen Glauben an die Größe und Heiligkeit seiner Erdenarbeit seinem einsamen Tode entgegengeht. Mein Herz will den jammervollen Untergang dieses innerlichst reichen und geliebten Menschen nicht fassen; mir ist, als tue mir meine eigene Jugend leid."

Geibel antwortet am 25. 2. 1858:

„Deinem Vorhaben, für Röse bei den Freunden zu sammeln, kann ich mich nicht anschließen. Wattenbach und Curtius stehen mir so fern, daß ich sie nicht wohl in Geldsachen angehen darf. Die Lübecker haben mehrfach ausgeholfen, aber dann endlich erklärt, sie könnten sich auf nichts mehr einlassen. Ohlhues, Becker und Gleis kenne ich nicht.

Ich selbst will sehen, was sich tun läßt, obwohl ich seit dem Frühling des vorigen Jahres bereits dreimal sehr erhebliche Summen nach Ochtendung gesandt habe.

Wanst bleibt eben Wanst, und ich kann trotz allen Unsinns, den er vollführt hat, doch nicht los von ihm. Ich habe die frischesten, wenn auch nicht die besten Jahre meines Lebens mit ihm verschwärmt. Es gab Zeiten — noch in Lübeck, lange ehe Du zu uns kamst —, wo wir jeden Eierkringel ebenso treu teilten wie jeden Gedanken. Reich war er immer, dabei formlos, oft verworren, nie gemein. Nur der Hochmuts=

teufel saß von Anfang her in ihm und ließ ihn über dem Gedanken, ein großer Mann zu werden[1]), die kleinen, unverbrüchlichen Pflichten gegen sich selbst und andere fort und fort vergessen.

Item ich will sehen, was sich tun läßt, und zwar heute oder morgen. Wenn ich nur ein Ende absähe! Denn an seine Todesahnungen glaube ich kaum, so ernst sie gemeint sind. Warum haben wir Protestanten nicht Klöster für Gescheiterte, die nichts mehr wollen als bei geistiger Arbeit still ausleben. Ich wüßte noch mehr Kandidaten dafür."

Im Sommer 1859 siedelte Röse nach Kruft a. Rh. über. Trotz seiner Krankheit arbeitete er täglich einige Stunden an seinem großen philosophischen Werke, das nach seinem Tode erscheinen sollte, und war voller Teilnahme für die damaligen Weltereignisse. Mehrere anerkennende Besprechungen seiner Schriften erheiterten seine letzten Tage. Er starb am 27. 11. 1859 im festen Glauben an die Größe und Herrlichkeit seiner Erdenarbeit.

Lange Zeit nach Röses Tode schreibt Storm an Litzmann[2]):

„Röse ist gestorben seit lange, ich weiß es, ohne zu wissen woher; eine Anzeige von einem ihm irgend Nahestehenden habe ich nicht erhalten; einsam und

---

[1]) Charakteristisch für Röse ist die Bemerkung in einem seiner Zeugnisse auf dem Katharineum: „In seinen deutschen und lateinischen Arbeiten hat Röse vor allem die Klippe zu meiden, außerordentlich sein zu wollen."

[2]) Litzmann, Emanuel Geibel, S. 100.

verlassen wird ihn der Tod gefunden haben. — Von den Vorausgeschiedenen ist Röse, der einen wichtigen Zeitabschnitt meiner Jugend begleitete, mir einer von den wenigen Unvergeßlichen."

Wenn der junge Student Geibel in den Ferien nach Lübeck kam, so wurde er von den Freunden, die noch das Katharineum besuchten, mit großer Freude, aber auch mit einer gewissen Hochachtung begrüßt, denn er hatte sich schon Lorbeeren erworben. Wenn seine Freunde ihn bei ihren Besuchen Verse schreibend am Schreibtische fanden, so traten sie leise auf und verhielten sich still, um ja seine Muse nicht zu verscheuchen — bis Geibel mit einem hoheitsvollen Lächeln die Feder beiseite legte. Dann gingen sie zusammen ins Theater oder in den Ratskeller. Bei schönem Wetter wurden gemeinsame Ausflüge an die Ostsee, nach Travemünde gemacht, oder sie wanderten in warmen Sommernächten beim Schein des Mondes unter funkelndem Sternenhimmel durch die Buchenwälder bei Schwartau.

War es draußen kalt und unfreundlich, dann versammelten sich die Freunde wohl in Storms, Röses oder Geibels Stube. Während der Wind durch die Straßen fegte und der Regen niederrauschte, saßen sie am warmen Ofen und lasen sich gegenseitig ihre dichterischen Erstlingsversuche vor. Bei einer solchen Gelegenheit soll Geibel die Freunde mit einem überlegenen, etwas geringschätzigen Lächeln auf einige Gedichte Storms aufmerksam gemacht haben. Sie lagen auf kleinen Papierstreifen geschrieben auf seinem Tische — wie Storm auch später gerne den ersten Entwurf eines Gedichts auf kleinen Zetteln niederschrieb.

Vielleicht stammt aus dieser Zeit der leise Groll gegen Geibel, den Storm nie ganz verwinden konnte.

Als Geibel Storm einst allein auf seiner Stube besuchte, setzte er sich an dessen Tisch und schrieb in einem Zuge ein Gedicht nieder, in dem sich seine Sehnsucht nach Griechenland ausspricht:

„Ich blick' in die Welt und ich blick' in mein Herz,
Und drinnen ist nichts als verzehrender Schmerz.
Wohl leuchtet die Ferne im goldenen Licht,
Doch hält mich der Nord', ich erfasse sie nicht.
O die Schranken so eng und die Welt so weit,
Und so flüchtig die Zeit!

Ich kenne ein Land, wo aus sonnigem Grün
Um versunkene Tempel die Rosen blühn,
Wo die purpurne Woge das Ufer besäumt,
Und von kommenden Sängern der Lorbeer träumt;
Wohl lockt es und winkt dem verlangenden Sinn,
Und ich kann nicht hin!

O hätt' ich Flügel durchs Blau der Luft,
Wie wollt' ich baden im Sonnenduft —
Doch umsonst! Und Stunde auf Stunde entflieht;
Vertrau're die Jugend, begrabe das Lied!
O die Schranken so eng und die Welt so weit,
Und so flüchtig die Zeit!"

Storm bewahrte das Blatt als heilig auf. Er klebte es in ein Buch, in dem es allerlei Wunderbares zu sehen und zu lesen gibt, und schrieb darunter: „Dieses Gedicht schrieb Geibel in meinem Zimmer in Lübeck, als ich dort die Prima besuchte."

„Was von eigenen Versen unter solcher Anregung entstand," schrieb Storm später an Ludwig Pietsch in bezug auf die Lübecker Zeit, „erscheint mir heute wie ein Flügelprüfen ohne Selbständigkeit, nur hervorgegangen aus dem inneren Drange nach künstlerischen Formen und idealer Auffassung des Lebens, nicht aus dem unabweisbaren Drange, ein bestimmtes Inneres gestaltet auszuprägen."

In einem alten Notizbuche aus seinen letzten Lebenstagen, in dem eigentlich nur die trockensten Begebenheiten des Tages verzeichnet wurden, hat Storm begonnen zu erzählen, wie es kam, daß er ein „Poet" wurde. Es ist zu bedauern, daß diese Ausführungen nur skizzenhaft sind.

„Nicht die Bekleidung eines Amtes," beginnt er, „die Ausübung einer Industrie oder eines Handwerks macht den Beruf. Beruf ist nur, wozu man berufen ist; aber nicht etwa vom Staate oder durch äußere Lebensumstände, sondern durch das Bedürfnis unseres Inneren, es zur wesentlichen Aufgabe unseres Lebens zu machen, und so kann man allerdings zu allem Vorgenannten Beruf haben, aber ebensowohl es ohne Beruf treiben.

Weshalb sollte der innere Drang zum Schriftstellertum keinen Beruf abgeben, da er mächtiger ist als irgendein anderer und da er die Verkündigung der Schönheit und der Pflicht zum Zweck hat?

Wie ich Schriftsteller, ich muß beschränkend sagen ‚Poet', wurde, darüber weiß ich nur dies zu sagen:

Mit 10 oder 12 Jahren, als eine sehr geliebte

Schwester[1]) mir gestorben war, machte ich meine ersten Verse, in einer Umgebung, wo an dergleichen niemand dachte. Dann war der Stoff zu Ende, und ich machte nun Verse ohne Gehalt; dann endlich, mit 18 bis 20 Jahren, suchte ich mir Inhalt zu meinen Versen, aber ich fühlte stets, daß das nur ein Flügelprüfen sei. Dann endlich kam das Leben und gab mir hie und da einen Inhalt, bei dem es mich überkam, ihn in poetische Form zu fassen, und es formulierte sich oft fast ohne allen Willen, es kam von selbst und wurde von mir festgehalten. Das war das Rechte, und da erst fühlte ich, ich hatte den Beruf zum Lyriker, ich wußte es sicher.

Nur die Verse aus jener dritten Periode sind publiziert."

Durch Geibel und Röse eingeführt, wurde der junge Storm bald ein gern gesehener Gast im Hause des Handelsherrn und schwedischen Konsuls Nölting. Seine Gattin, eine Hamburgerin, war eine feingebildete Frau voll geistiger Interessen. Alle schönen Künste waren in diesem Hause heimisch und wurden mit Begeisterung gepflegt. Frau Nölting war vor allem sehr musikalisch, sie spielte viel und gerne Klavier, besonders Beethoven. Unter den Freunden, zu denen Storm im Nöltingschen Hause Beziehungen gewann, sind Wilhelm Mantels und Julius Milde zu nennen. Mantels führte 1848 die Tochter des Hauses heim und wurde 1853 als Professor am Lübecker Katharineum an-

---

[1]) Lucie, geboren 1822, gestorben 1829. Vergleiche auch Storms Briefe in die Heimat, S. 191.

gestellt. Milde, ein Hamburger, war der bekannte Maler, der das Innere des reich ausgestatteten Hauses durch Fresken verziert hatte. Wenn sich die jungen Leute im Nöltingschen Hause versammelten, so ging es lebhaft her; es wurde musiziert und gelesen. Diejenigen, welche sich zum Dichten berufen fühlten, trugen ihre Gedichte vor. Die Frau des Hauses horchte still und gab dann ihr ungeschminktes Urteil über das Gehörte ab. Storms Gedichte fanden, wie er oft später erzählte, wenig Gnade vor ihrer Kritik, während Geibels jugendliche Dichtungen mit Wärme aufgenommen wurden. Daß Storm die Freundschaft und Liebe für Geibel nicht in dem Maße teilte und dies auch offen aussprach, störte bisweilen das Einvernehmen zwischen ihm und dem Nöltingschen Kreise. Geibel hatte einen weichen Bariton, Storm einen schönen Tenor. Ersterer sang mit Vorliebe Lieder von Franz Kugler und Hermann Duncker, dem jüngsten Bruder der Frau Konsul.

Die Erinnerung an diese schöne Vergangenheit wurde von neuem erweckt, als später eine Enkelin der Frau Konsul Nölting durch Heirat ein Mitglied der Familie Storm wurde. Die beiden nun alten Leute tauschten durch Vermittelung der Enkelin noch manchen Freundesgruß.

Zum Schlusse möchte ich mit des Dichters eigenen Worten[1]) noch einmal die Bücher zusammenfassen, die den jungen Storm auf der Lübecker Schule am meisten beeinflußten:

---

[1]) Brief Storms an Emil Kuh vom 21. 8. 1873.

„Es waren vorzugsweise Heines ‚Buch der Lieder' und Goethes ‚Faust'; auch Eichendorffs ‚Dichter und ihre Gesellen', später auch die übrigen Werke Eichendorffs und Mörikes Gedichte."

Die Liebe zu Eichendorffs Dichtungen blieb Storm immer treu. Später wurde ihm das Glück zuteil, diesen, seinen Lieblingsdichter, persönlich kennen zu lernen.

Ein Abgangszeugnis wurde damals noch nicht erteilt, aber man forderte beim Abzuge von der Schule eine freie lateinische Arbeit von 30 bis 40 Seiten. Storm hatte sich als Aufgabe gewählt: „Quibus causis Philippo II. regnante dilapsae sint Hispaniae opes auctoritasque." Eine Beurteilung wurde unter diese Arbeit nicht geschrieben, aber in Storms letztem Halbjahrszeugnis vom Herbste 1836 findet sich die Angabe, daß „die Fortschritte im Lateinischen recht sichtbar seien; im Griechischen noch nicht sicher genug, wenig zusammenhängend in der Mathematik".

Es mag Storm nicht leicht geworden sein, sich auf dem Katharineum zurechtzufinden, das vollständig auf dem Boden neuster Reformen stand, während der Unterricht auf der Husumer Gelehrtenschule noch ganz nach alter Art erteilt wurde.

„In dieser Weise zu glänzen," schreibt Storm in späteren Jahren einem seiner Schwiegersöhne, der ihm die hervorragend bestandene Abgangsprüfung seines Sohnes meldet, „ist mir nie gelungen. Das bißchen Glanz ist erst in spätester Zeit gekommen."

VI.
Student 1837 bis 1842

Ostern 1837 verließ Storm die alte Hansestadt Lübeck und siedelte nach Kiel über, um sich dem Studium der Rechtswissenschaft zu widmen. Der alte Professor Nikolaus Falk, der früher an der Husumer Gelehrtenschule Johann Casimir Storm unterrichtet hatte, immatrikulierte ihn. Storm hörte bei diesem schleswig-holsteinisches Recht, während er bei Burchardi römisches und bei Deller dänisches Recht belegte.

„Weshalb ich mich der Jurisprudenz ergab?" schrieb der Dichter unterm 21. 8. 1873 an Emil Kuh. „Es ist das Studium, das man ohne besondere Neigung studieren kann; auch war mein Vater ja Jurist. Da es die Wissenschaft des gesunden Menschenverstandes ist, so wurde ich auch wohl leidlich mit meinem Richteramt fertig.

Mein richterlicher und poetischer Beruf sind meistens in gutem Einvernehmen gewesen, ja ich habe sogar oft als Erfrischung empfunden, aus der Welt der Phantasie in die praktische des reinen Verstandes einzukehren und umgekehrt."

Mit großen Erwartungen trat Storm ins Studentenleben; aber diese wurden nur zum kleinsten Teil erfüllt. Er trat dem Korps Holsatia bei, fand hier jedoch keinen Genossen, der für seine geistigen Interessen und poetischen Neigungen Verständnis hatte. Das deutsche Studentenleben, dessen Schwerpunkt im Pauken und Kneipen lag, erfüllte ihn nach der durchgeistigten Luft, die ihn in Lübeck umgeben hatte, bald mit Widerwillen.

Einem kleinen Buche, in das er am 17. 7. 1833 heimlich sein erstes Gedicht niederschrieb, vertraute er seine Enttäuschungen an. Einige Jahre später, 1841, hat er freilich quer über diesen Herzenserguß mit großen Buchstaben „dummes Zeug" geschrieben.

„Da bin ich nun," beginnt die Beichte, „seit einem Vierteljahre unter deutschen Studenten, selbst ein deutscher Student. Ich hatte mir den deutschen Studenten anders gedacht: ein Gemisch aus ritterlicher Galanterie, traulicher Heiterkeit, Begeisterung für seinen freien Stand, Geist, Herz und Gefühl für alles Schöne. Aber, was fand ich von alledem?

Mut, Mut allerdings fehlt dem deutschen Studenten nicht. Aber wo trifft man die schöne, jugendliche Poesie des Lebens, die noch unverkümmert ist von den begrenzenden Verhältnissen der späteren Jahre? Wo die bescheidene Heiterkeit, die ihn charakterisieren sollte, und den deutschen Studenten bei allen guten Menschen beliebt machen?

Ich möchte sagen, der Kieler, und ich glaube sagen zu können, der deutsche Student ist entweder ein Mensch, der viel kneipt und trinkt, alle naselang auf der Mensur liegt, eben von nichts anderem redet wie von Paukereien, sich irgendein schmuckes Dirnlein an der Hand hält, die Farben einer Verbindung trägt und, wenn er ihn hat, einen Schnauzbart und nebenbei ins Kolleg geht. Oder er ist arbeitsam, eingezogen und einfältig. So sind nach meiner Ansicht die meisten deutschen Studenten. Ich mag die rechten vielleicht noch nicht gefunden haben. Wie schmerzlich entbehre ich einen Gleichgesinnten, der den Klang und die Seele meiner Dichtung verstehen und erwidern mag. Kiel ist schön, sehr schön, die schönste Stadt im schönen Holstein. Aber allerorten auf den belebtesten, volkreichsten Spaziergängen wandle ich allein unter den schönen Holsteinerinnen."

Ja, so wandelte er im ersten Jahre seiner Studienzeit in Kiel allein, ohne einen Gleichgesinnten, dem er aussprechen konnte, was sein Herz bewegte, was seine Phantasie ihm an poetischen Bildern vor die Seele zauberte. Täglich ging der junge Dichter, denn das dünkte er sich zu sein, in der Düsternbroker Allee an einem tief im Garten gelegenen, von Efeu und Geißblatt umrankten Häuschen vorüber; und was seine Phantasie ihm beim Anblick des grünen Idylls vormalte, vertraute er wieder seinem verschwiegenen Freunde, dem braunen Büchlein, an.

„Auf dem Wege nach Düsternbrok an der hohen Allee liegen viele hübsche Gartenhäuser, ich möchte sagen, mit Gemüt und Phantasie gebaut und dekoriert, deren Besitz ich mir oft kindisch gewünscht habe.

Unter diesen liegt eins verborgen unter Jasmin und den blühenden Gesträuchen der Heckenrose. Auf das Dach rankt sich Geißblatt und bekränzt auch unten das Fenster des lieblichen Häuschens. Die Hälfte des lauschigen Fensters verhängt eine dunkelrote Gardine, die in das Innere des Stübchens einen gar lieblichen Dämmerschein zurückwirken muß, in welchen durch das offene Fenster Blütenduft und Nachtigallenschlag hineinströmen mit dem Hauch der lauen Sommernacht. In dieses Häuschen bin ich verliebt, oder eigentlich nicht in das Häuschen, sondern in das, was drinnen sein könnte, in die braunen Locken, in die süßen Lippen, in das Herz, in die Brust, die nur für mich pocht, mit einem Worte in die schöne, schlanke Jungfrau, die mich aus dem wunderbaren, umlaubten Fenster anschauen könnte. O nur ein Kuß in heimlich duftender Sommernacht durch dieses Fenster, und mein stilles Sehnen —"

Hier endet der Herzenserguß. Vielleicht nannte Storm dieses aus Heimweh und Sehnsucht gesponnene Phantasiegebilde „Leila", denn in einem Briefe von seinem Freunde Wagner, einem jungen Maler, aus dieser Zeit heißt es: „Nun zum zweiten Teile Deines Briefes: ‚Leila', ein schöner, ja, ich möchte sagen, ein feenhafter Name. Ich glaube, der bloße Name könnte hinreichen, Deine so gerne in der Märchenwelt weilende Phantasie in Feuer und Flammen zu setzen."

Wenn Storm in den Ferien im elterlichen Hause weilte, ging es dort lebhaft zu. Wenn dem in die Haustüre tretenden Besucher gleich aus dem Zimmer rechts Gesang und Spiel entgegentönte, dann wußte er, Theodor ist wieder daheim. Ludwig Pietsch schreibt: „Ich habe wenig Männerstimmen gehört, die so als der unmittelbare Ausdruck einer phantasieerfüllten Seele erschienen und wirkten wie Storms Tenor." Mit seiner um zwei Jahre jüngeren, von ihm so sehr geliebten Schwester Helene trieb er in den Ferien Sprachen und unterrichtete sie und ihre Freundinnen im Gesange. Er übte mit ihnen Duette und Terzette ein, auch an lustigen Aufführungen unter seiner Anleitung fehlte es nicht. Ein frohes, jugendliches Treiben entfaltete sich im alten Hause in der Hohlen Gasse. Großmutter Woldsen hatte ihre helle Freude an ihrem Enkel Theodor, den sie immer ein wenig bevorzugt hatte. In stillen Stunden saß er mit Großmütterchen in der Lindenlaube im Garten, in der sie einst vor lange entschwundenen Zeiten den Bräutigamsbrief ihres Mannes las. Dann erzählte sie von Vater und Mutter, dem strengen Großvater und Tante Fränzchen. Der Enkel bewahrte alle in treuem Herzen, um sie dereinst aus der Nacht, in der sie schon so tief versanken, heraufzubeschwören[1]).

Abends zeigte er den Geschwistern Kupferstiche und las ihnen Märchen vor, für die er von Kindheit an eine besondere Vorliebe hatte; und wenn dann um 9 Uhr der alte Johann Casimir von seinem Kontor herüberkam, so folgten sie ihm in die seligen Gefilde seiner Kindheit: Westermühlen. Otto Jensen, ein

---

[1]) In den „Zerstreuten Kapiteln".

Bruder der zweiten Frau Storms, erzählte der Schreiberin dieses eine kleine, freundliche Erinnerung aus seiner Kindheit. Als der Knabe etwa 6 Jahre alt war, verkehrte Storm viel im Hause seiner Eltern. Der Senator Jensen hatte ein so fröhliches, kindliches Herz und konnte so erfrischend lachen. Mit Ottos älteren Schwestern, Friederike und Dorothea, übte Storm Duette. Er war ein strenger Lehrer und nahm den Unterricht sehr genau. Das Ende vom Liede war bisweilen, daß beide Schwestern erzürnt, mit heißen Gesichtern aus dem Zimmer stürmten. Dann rief Storm ruhig den kleinen Otto, der erschrocken im Zimmer stand, zu sich heran und sagte: „Komm', Otto, wir wollen einmal das Lied vom Apfelbaum singen." Wenn dann die helle Knabenstimme erschallte, so kehrten die beiden Erzürnten ins Zimmer zurück.

Ostern 1838 begab sich Storm mit Röse und Mantels zur Fortsetzung seiner Studien nach Berlin. „Storm," schreibt Mantels an Geibel, „hat viel mit uns verkehrt diesen Sommer, er ist mir sehr lieb geworden."

Auch in Berlin fühlte Storm sich einsam. Tiefes Heimweh befiel ihn in dem lärmenden Treiben der Großstadt.

> „Andre Menschen, andre Herzen!
> Keiner gibt mir treuen Gruß.
> Längst verschwunden Spiel und Scherzen,
> Längst verschwunden Scherz und Kuß"

klagte er.

Es fehlten Storm Beziehungen zu den derzeit in Berlin lebenden literarischen Größen wie Eichendorff, Hölty, Gaudy, Häring und Wackernagel. Geibel war darin glücklicher. So blieb das Jahr in Berlin ohne besondere geistige Eindrücke für ihn. Zu seinen größten Freuden gehörte der Besuch des Theaters. Seidelmann hatte gerade den Gipfel seines Ruhmes erreicht. Gerne erzählte der Dichter noch in späteren Jahren seinen Kindern von einer Faustaufführung, in der Seidelmann den Mephistopheles gab. Nach der Aufführung kaufte Storm eine Flasche Ungarwein, und noch lange plauderten Freund Röse und er auf seiner Stube über das Gehörte und Gesehene.

Ein kleines Erlebnis gab ihm den Stoff zu einer Szene seiner Novelle „Immensee". Er machte mit seinen Freunden Mantels, Röse, dem nachherigen Shakespeare-Forscher Delius, einigen jungen Frauen und Mädchen einen Sommerausflug nach einer der Havelinseln. Die Gesellschaft übernachtete auf der Insel. Die laue Sommernacht und der Mondschein ließen Storm nicht schlafen. Er nahm sich einen Kahn und fuhr den seebreiten Fluß hinunter. Da sah er in der Ferne auf breiten, blanken Blättern eine mondbeglänzte, weiße Wasserrose leuchten. Lockend lag sie da, still und einsam; er konnte nicht widerstehen, er mußte sie besuchen. Er entkleidete sich, um sie schwimmend zu erreichen. Aber die langen Stengel und Wurzeln der Wasserpflanzen schlangen sich um seine nackten Glieder — es half ihm nichts, er mußte es aufgeben und ans Land zurückrudern.

Es fehlten Storm Beziehungen zu den derzeit in Berlin lebenden literarischen Größen wie Eichendorff, Hölty, Gaudy, Häring und Wackernagel. Geibel war darin glücklicher. So blieb das Jahr in Berlin ohne besondere geistige Eindrücke für ihn. Zu seinen größten Freuden gehörte der Besuch des Theaters. Seidelmann hatte gerade den Gipfel seines Ruhmes erreicht. Gerne erzählte der Dichter noch in späteren Jahren seinen Kindern von einer Faustaufführung, in der Seidelmann den Mephistopheles gab. Nach der Aufführung kaufte Storm eine Flasche Ungarwein, und noch lange plauderten Freund Röse und er auf seiner Stube über das Gehörte und Gesehene.

Ein kleines Erlebnis gab ihm den Stoff zu einer Szene seiner Novelle „Immensee". Er machte mit seinen Freunden Mantels, Röse, dem nachherigen Shakespeare-Forscher Delius, einigen jungen Frauen und Mädchen einen Sommerausflug nach einer der Havelinseln. Die Gesellschaft übernachtete auf der Insel. Die laue Sommernacht und der Mondschein ließen Storm nicht schlafen. Er nahm sich einen Kahn und fuhr den seebreiten Fluß hinunter. Da sah er in der Ferne auf breiten, blanken Blättern eine mondbeglänzte, weiße Wasserrose leuchten. Lockend lag sie da, still und einsam; er konnte nicht widerstehen, er mußte sie besuchen. Er entkleidete sich, um sie schwimmend zu erreichen. Aber die langen Stengel und Wurzeln der Wasserpflanzen schlangen sich um seine nackten Glieder — es half ihm nichts, er mußte es aufgeben und ans Land zurückrudern.

„Als er von hier auf den See zurückblickte, lag die Lilie wie zuvor fern und einsam über der dunklen Tiefe."[1]

Eine unvergeßliche Erinnerung wurde ihm ein vierwöchentlicher Aufenthalt in Dresden, zusammen mit vier Studenten. Wie aus einem Briefe der Mutter vom 1. 8. 1838 hervorgeht, wurde Storm seine „imponierende Bitte", sich 4 Wochen nur zu seinem Vergnügen in Dresden aufzuhalten, rund abgeschlagen. Aber die Eltern müssen sich doch haben erweichen lassen, denn im Herbste 1838 fand die Reise statt. Die fünf lustigen Studenten wohnten im „italienischen Dörfchen", einem floßartig über der Elbe gebauten Gasthause am Schloßplatze, wo es noch heute zu finden ist.

Jeden Morgen galt ihr erster Besuch der Sixtinischen Madonna und der Gemäldegalerie. An den Nachmittagen wurden Ausflüge in Dresdens Umgebung gemacht; der Abend gehörte meistens dem Schauspiel oder der Oper, wo damals Joseph Tichatschek glänzte und die Sängerin Schröder-Devrient durch ihre Anmut entzückte.

Michaelis 1839 kehrte Storm nach Kiel zurück. Die letzten Studienjahre gestalteten sich reicher und freudiger; das Gefühl der inneren Vereinsamung drückte ihn nicht mehr. Im Verkehr mit seinen Landsleuten, den Brüdern Theodor und Tycho Mommsen[2], Klander, Meisterlin, Lübker und Koopmann fand er

---

[1] Immensee, Bd. 1, S. 33.
[2] Theodor Mommsen geb. 30. 11. 1817 } in Garding
Tycho Mommsen geb. 23. 5. 1819

geistige Anregung in Fülle. Im letzten Jahre gesellte sich noch der nachmals als Forscher bekannte Müllenhof[1]) zu ihnen.

Eine besondere Freundschaft knüpfte er mit den Brüdern Mommsen. Gleiche Interessen für Politik und Literatur und die gleiche Liebe zur Heimat schlang ein festes Band um die drei Freunde. Daß Storm dem Korps Holsatia und Mommsen der Verbindung Albertina angehörten, die sich in bitterster Feindschaft gegenüberstanden, störte die Freundschaft nicht.

Seinen beiden derzeit teuersten Freunden Ferdinand Röse und Theodor Mommsen verdankte Storm, Kritik vertragen zu können und sie auch an sich selbst zu üben. Noch im Alter erzählte er gerne, welchen gesunden Einfluß auf sein dichterisches Empfinden die oft erbarmungslose Kritik der beiden Mommsen gehabt habe. Dann zeigte er wohl guten Freunden ein kleines, violettes Buch: „Immensee", den ersten Druck mit der Umarbeitung für die Sommergeschichten und Lieder. Das Bemerkenswerteste an diesem Buche war die Randkritik Tycho Mommsens:

„Lebende Bilder — tote Kunst!"
und:
„Die Katze, die der Jäger schoß,
Macht nie der Koch zum Hasen."

Für „tote Kunst" erklärte der Freund eine Dichtung, die noch ganz vom Zauber der Jugend durchleuchtet

---

[1]) Karl Müllenhof geb. 8. 11. 1818 in Marne in Süderdithmarschen.

ist und von der Storm in einem Briefe an seine Eltern hellseherisch schreibt[1]):

„... und die längst vergangene Zeit, wo ich jene Dichtung (Immensee) schrieb, drängt sich mir mit schmerzlicher Gegenwart wieder auf. Ich muß mich besinnen, daß ich der bin, der das geschrieben; so fern liegt es mir jetzt; aber aus dieser Ferne erkenne ich deutlich, daß dieses kleine Buch eine Perle deutscher Poesie ist und noch lange nach mir alte und junge Herzen mit dem Zauber der Dichtung und Jugend ergreifen wird."

Wie haben sich diese zuversichtlichen Worte bis auf den heutigen Tag bewahrheitet!

Theodor Mommsen entdeckte eines Tages die im Jahre 1838 erschienenen Gedichte Eduard Mörikes, dann „Maler Nolten" und „Iris". Alles wurde gemeinsam im Freundeskreise genossen; man berauschte sich förmlich an der stillen Schönheit dieser Dichtungen. Storm blieb dem schwäbischen Dichter, der in ihm einen „sinn- und seelenverwandten" Freund erkannte, bis ans Ende treu.

In seinem ersten Briefe an Mörike (20. 11. 1850) schildert Storm ihm den tiefen Eindruck, den seine Dichtungen auf ihn selbst und seine Freunde machten[2]):

„Vor etwa 10 Jahren, während meiner letzten Studentenzeit in Kiel, kamen Ihre Bücher in unsere Hände — ‚Gedichte', ‚Iris', ‚Maler Nolten' — und

---

[1]) Storm, Briefe in die Heimat, S. 127.
[2]) Mörike-Storm, Briefwechsel, S. 5/6

erwarben sich rasch eine kleine, aber ausgesuchte Gemeinde, wenn anders das rasche, instinktartige Verständnis bei der leisesten Berührung des Dichters eben das ist, was dieser zumeist bei seinen Lesern zu wünschen hat. Wie viele Anregung und Befriedigung und reine Freude wir Ihnen verdanken, wie der ‚sichere Mann‘ und die ‚Sommerweste‘[1]) sich sprichwörtlich bei uns einbürgerten, wie Larkens uns vor allen anzog, während kein Mädchenherz der Agnes widerstehen konnte und wie ich dennoch bei soliden Leuten zu Schaden kam, als ich den ‚Nolten‘ ihrem Lesezirkel empfahl — für eine Anführung alles dessen darf ich Ihre Geduld nicht in Anspruch nehmen. Unsere kleine Gemeinde hat sich seitdem zerstreut, aber bei allen, mit denen ich in einiger Verbindung geblieben bin, hat sich die unveränderteste Anhänglichkeit an die tiefe ‚herbstkräftige‘ Natur Ihrer Muse bewährt, nur daß jeder in seinem Kreise ihr neue Freunde erworben hat."

„Noch entsinne ich mich," schreibt Storm in seinen Erinnerungen an Mörike[2]), „wie ich eines Tages beim Eintritt in mein Zimmer einen unserer Genossen, einen eifrigen Juristen, mit feuchten Augen vor meinem Klavier auf einem Stuhle hängend fand; in der einen Hand hatte er das Heft der von Mörike selbst geschätzten Kompositionen von Hetsch, welche damals dem Buche beigegeben waren, mit der andern suchte er unter

---

[1]) Mörike, Gesammelte Schriften, Bd. 1, S. 289, „An meinen Vetter".

[2]) Meine Erinnerungen an Eduard Mörike, Bd. 8, S. 172.

Heraufbeschwörung seiner vergessenen Notenkenntnis auf den Tasten sich Agnesens Lied zusammen:

„Rosenzeit, wie schnell vorbei
Bist du doch gegangen!"

Im letzten Studienjahre planten die Brüder Mommsen und Storm die Herausgabe einer Sammlung schleswig-holsteinischer Sagen und Märchen. Zu diesem Zwecke forderten sie durch einen Aufruf in den öffentlichen Blättern der Herzogtümer dazu auf, Sagen, Märchen und Lieder zu sammeln und ihnen einzuschicken. Theodor Mommsens Gedicht „Unsere Sagen", das später im „Liederbuche dreier Freunde" aufgenommen wurde, war der Aufforderung beigefügt:

„Die Sage kehrt zu euch zurück,
Wie klingeln ihre Glöcklein!
Es gilt des Grafen Rantzau Glück,
Dem Niß[1]) im grauen Röcklein.
Doch seid ihr worden gar zu alt,
Wird sie euch nicht besuchen;
Es ist noch Platz genug im Wald
Unter den alten Buchen."

Überall fanden sie lebhaftes Interesse für ihr Unternehmen und brachten eine ansehnliche Sammlung zusammen. Im Jahre 1844 veröffentlichten sie einige dieser Sagen und Märchen in „Biernatzkis Volkskalender für Schleswig-Holstein und Lauenburg"[2]),

---

[1]) Niß, auch Niß Puck genannt, eine Art Hauskobold, ein schelmisch neckender Nachtgeist.

[2]) Der erste Jahrgang des Volkskalenders wurde 1844 von Karl Leonhard Biernatzki, derzeit Rektor zu Friedrichstadt in Holstein, herausgegeben. Er war ein Sohn des durch seine „Hallig" bekannten Dichters Johann Christoph Biernatzki.

überließen später jedoch alle ihrem Kommilitonen Müllenhof für seine bekannte Sammlung[1]).

Storm, derzeit Advokat in Husum, und Theodor Mommsen, Kandidat der Rechte in Altona, gehörten zu den ersten Mitarbeitern des von Biernatzki gegründeten und herausgegebenen Volkskalenders. Storm, der bis 1851 Mitarbeiter blieb, lieferte für 1846 „drei kleine Stücke aus der Mausekiste" unter dem Titel „Geschichten aus der Tonne" — später noch einmal für seine drei großen Märchen verwandt[2]) —, das „Märchen von den 3 Spinnfrauen", die „Sage von Graf Ottos Horn" und allerlei plattdeutsche „Döntjes".

In einem Briefe vom 14. 8. 1845 schreibt Biernatzki an Storm:

„Es kommen Kupfer zu den ‚Geschichten aus der Tonne' und zu den ‚Sagen von Graf Ottos Horn', sonst noch eins zu einer alten Urkunde, die übrigen sind vaterländische Ansichten. Auch das sehe ich als offenbaren Beweis, daß Ihre Beiträge die besten sind, an, daß sie die einzigen sind, zu denen Kupfer möglich waren. Aber niemand, schlechterdings niemand liefert solche Beiträge wie Sie."

Zugleich spricht er die Befürchtung aus, daß der Volkskalender aus Mangel an guten Beiträgen zugrunde gehen würde und bittet Storm um einen poetischen Beitrag in Prosa. „Ich schrieb," erzählte der Dichter, „‚Marthe und ihre Uhr', und damit setzte

---

[2]) Sagen, Märchen und Lieder der Herzogtümer Schleswig, Holstein und Lauenburg.
[3]) Bd. 2, S. 217 ff.

der Lyriker zuerst den Fuß auf das epische Gebiet der Novelle."

Außer „Marthe und ihre Uhr" lieferte er für das Jahr 1847 einige Kalenderverse und die Gedichte „Abseits" und „Gesegnete Mahlzeit". 1849 erschienen dort die Gedichte: „Morgana", „Auf dem Deich", „Von Katzen", „Die alten Möbeln"[1]), die Erzählung „Im Saal" und der Kalendervers:

Mai.

Die Kränze, die du dir als Kind gebunden,
Sie sind verwelkt und längst in Staub verschwunden.
Doch blühn wie damals noch Jasmin und Flieder,
Und Kinder binden deine Kränze wieder.

Im Jahre 1850 brachte der Volkskalender von Storm: „Morgengruß"[2]), „Nach Reisegesprächen", „Einer Toten", „Oktoberlied", das „Märchen vom kleinen Häwelmann" und die Novelle „Immensee" in ihrer ersten Fassung[3]).

Das Jahr 1851 sah zum letzten Male Beiträge von Storm im Volkskalender, und zwar: das Fragment „Waldweg", eine Erinnerung an Westermühlen, und ein Märchen „Stein und Rose"[4]).

„Ein wenig Scherz in die ernste Zeit,
Ein Lautenklang in den wirren Streit,
In das politische Versegebell
Ein rundes Märchenritornell"

---

[1]) Später „Sturmnacht" genannt, Bd. 8, S. 226.

[2]) Später „Morgens" genannt, Bd. 8, S. 215.

[3]) Das Nähere darüber vgl. Dr. Paul Schütze, Theodor Storm, sein Leben und seine Dichtung, 2. Auflage, S 107/108.

[4]) Später „Hinzelmeier, eine nachdenkliche Geschichte" genannt, Bd. 3, S. 11 ff.

gab ihm der Dichter als Geleitwort mit auf seinen Weg in die Öffentlichkeit.

In das Exemplar des schleswig-holsteinischen Volkskalenders für 1851, das Storm seinen Eltern schenkte, schrieb er als Widmung:

„Den teuren Namen trägt dies Buch,
Für den jetzt unsre Herzen bangen.
Es kommt vielleicht zum letztenmal,
Drum sei es gut von Euch empfangen!
Von mir auch bringt's ein seltsam Stück,
Das ist aus Träumen ganz gesponnen,
Das hab' ich in der Sommerszeit
Beim warmen Sonnenschein ersonnen.
Nun magst du, weil es Winter ist,
Den warmen Sitz am Ofen wählen,
Und wenn zu lesen du beginnst,
Beginn' sofort ich zu erzählen."

Der Leser muß noch einmal zum Studenten Storm zurückkehren. Der eigenen Poesie, die in den letzten Jahren vernachlässigt worden war, wurde wieder ihr Recht. Freund Wagner versprach sogar Randzeichnungen für Storms Gedichte. Es wurde aber nichts daraus. Obgleich die beiden Brüder Mommsen in späteren Jahren auf ihre Lieder mit Geringschätzung zurückblickten, schwärmten und dichteten sie doch damals tapfer mit. Jugendlich übermütig bekannten sie:

„Es ist uns etwas Übermut im Leben nachgeblieben,
Den haben wir fürs Publikum in Versen aufgeschrieben.
Fürs Handwerk sind sie freilich nicht, noch für die Abgemuckten;
Dem jungen Volk zuliebe ist's, daß wir sie alle druckten.
Fragt ihr in Deutschland nur nicht lang', wo dieser Vers gewachsen,
Die Veilchen sind dieselben ja in Holstein und in Sachsen."

Storm schreibt von dieser sangeslustigen Zeit in seinen Erinnerungen an Mörike[1]):

„Wir waren dort derzeit eine kleine, übermütige, zersetzungsluftige Schar beisammen, die geneigt war, möglichst wenig gelten zu lassen."

Die Früchte dieser dichterischen Bestrebungen finden wir im „Liederbuche dreier Freunde", das die Brüder Mommsen und Storm 1843 gemeinsam herausgaben[2]).

Manche Erinnerung aus der Studentenzeit hat Storm in seine Dichtungen aufgenommen. So verewigt er in „Auf der Universität" ein kleines, einsam unter alten Buchen gelegenes Wirtshaus an der Düsternbroker Allee. Hier las einst Ferdinand Röse, der mit Geibel die Freunde in Kiel besuchte, diesem, den Brüdern Mommsen und Storm sein tiefsinniges Märchen „Das Sonnenkind" vor.

„Wir saßen," schreibt Storm[3]), „in einem hohen Zimmer, in welches von draußen die Bäume stark hereindunkelten; und von fern aus den Buchenwipfeln hörten wir das Flattern der Waldtauben, als der Verfasser in seiner feierlichen Weise anhub: ‚Hans Fidelbum, der lustige Musikant, ging durch ein Seitental des Böhmerwaldes rüstig vorwärts.'"

Für den Liederbedarf des Hans Fidelbum wurde

---

[1]) Meine Erinnerungen an Eduard Mörike, Bd. 8, S. 170.

[2]) Eine eingehende Besprechung des „Liederbuchs dreier Freunde" ist in Dr. Paul Schützes Theodor Storm, sein Leben und seine Dichtung (2. Auflage), S. 56—73 enthalten.

[3]) Vorwort zu den neuen Fiedelliedern, Bd. 8, S. 305.

die Beisteuer der Freunde in Anspruch genommen. So schrieb Storm die „kleinen Fiedellieder", von denen 1871 etwa fünf Strophen in die „neuen Fiedellieder" hinübergenommen wurden. Wie sie ihm förmlich zuflogen, wie der Dichter über diese frischen Lieder dachte, und was er darüber schrieb, soll seinerzeit erzählt werden.

Eine tolle Jugenderinnerung fand im „Herrn Etatsrat" einen Platz[1]):

„Da tauchte, etwa einen Monat nach unserer letzten Rückkehr, unter einer Anzahl bekannter Korpsstudenten eine Tollheit auf, welche vielleicht von einzelnen älteren Herren noch jetzt als ein Auswuchs ihres Jugendübermutes belächelt wird, welche aber für andere der Anfang des Endes wurde. Ohne Ahnung jener späteren Ära des Absinthes, behaupteten sie, in dem ‚Pomeranzen-Bittern' den eigentlichen Feind des Menschengeschlechts entdeckt zu haben und erklärten es für eine der idealsten Lebensaufgaben, selbigen, wo er immer auch betroffen würde, mit Hintansetzung von Leben und Gesundheit zu vertilgen. Dieser Erkenntnis folgte rasch die Tat: eine ‚Bitternvertilgungskommission' wurde gebildet, die an immer neu erforschten Lagerorten des Feindes ihre fliegenden Sitzungen abhielt. Die Sache wurde bekannt und begann über die Studentenkreise hinaus Anstoß zu erregen; sogar ein Anschlag am schwarzen Brett erschien, welcher den Studenten unter Androhung der Rele-

---

[1]) Der Herr Etatsrat, Bd. 6. S. 231.

gation den Besuch einer Reihe näher bezeichneter Häuser
untersagte; natürlich nur ein Sporn zu noch heldenhafteren Taten."

Wie ein feiner, roter Faden zieht sich durch Storms
Studienjahre die Liebe zu einem Kinde. Damit soll
aber nicht gesagt sein, daß das leicht bewegte Herz
des jungen Liedersängers nicht auch noch für manches
blonde Holstenmädchen schlug. Aber es muß doch ein
tiefergehendes Empfinden gewesen sein. Alle hierher
gehörenden Briefe und auf kleinen Zetteln geschriebene
Seufzer des Liebenden fanden sich mit einem verblaßten, roten Bande zusammengebunden unter seinem
Nachlaß.

Das Weihnachtsfest 1836 verlebte Storm in Hamburg bei einem Verwandten seiner Mutter, dem Großkaufmann Scherff. Therese Rowohl und ihre Pflegetochter Berta von Buchau, nahe Freunde des Scherffschen Hauses, waren auch zur Feier des heiligen Abends
gebeten. Das seltsame Kind war damals 10 Jahre alt.
Ihre Mutter war tot, der Vater lebte im Auslande und
hatte die Erziehung seiner Tochter in die Hände dieser
klugen, feinen Frau gelegt.

„Ihr Aug' ist blau, nachtbraun ihr lockigt Haar,
Ein Schelmenmund, wie jemals einer war,
Ein launisch Kind..."[1]

Das war Berta von Buchau.

In einem Briefe an Frau Scherff, welche die
Neigung ihres jungen Verwandten nicht verstehen

---

[1] Junge Liebe, Bd. 8, S. 300.

konnte, ihm sogar einen Vorwurf daraus machte, schrieb Storm 1841: „Du weißt, daß ich Berta schon als Kind die Schleppe nachgetragen habe. Seit ich sie an jenem Weihnachtsabend, den ich noch bei Lebzeiten Deiner vortrefflichen Mutter mit Euch verlebte, gesehen habe, bildete der Gedanke sich bei mir aus, dieses Kind geistig an mich zu fesseln. Und jetzt muß ich Dir das Unbegreifliche sagen, ich habe schon damals das Kind geliebt. Du darfst nicht darüber nachdenken, Du mußt mir blindlings glauben. Ich hatte besondere Freude daran, wie Therese einmal auf meine Bitten dem Kinde die Locken wiedergab, ganz so wie auf dem Bilde; und als ich nach Lübeck zurückkehrte, dichtete ich mein ‚Lockenköpfchen‘, das noch jetzt mir eine meiner liebsten Sachen ist."

Das Gedicht heißt in der Volksausgabe „Junge Liebe", mit dem Begleitwort:

„Aus eignem Herzen geboren,
Nie besessen, dennoch verloren."

Der erste Entwurf des Gedichts (1837) beginnt:

„Blau ist ihr Aug', nachtbraun ihr lockigt Haar,
Ein schelmisch Mündlein, wie nur eines war,
Ein launisch Kind; — doch all ihr Widerstreben
Bezwingt ihr Herz, das mir so ganz ergeben.

Oft wenn ich müde noch im Lehnstuhl ausgeruht,
Sie stumm betrachtend als mein höchstes Gut,
Dann brach sie los, die weiße Stirne faltend:
‚Ich muß gestehn, du bist sehr unterhaltend!'"

Es entspann sich nun ein Briefwechsel zwischen Storm und dem Kinde. Er schrieb Märchen für sie, sammelte Volkslieder und Rätsel, die er ihr sandte. Mitunter komponierte er auch ein kleines Lied für sie, das sie ihm vorsang, wenn er in den Ferien nach Hamburg kam.

„Sie sagen mir," schreibt Storm im März 1838 an Bertas Pflegemutter, „ich hätte Berta durch meine Märlein Freude gemacht. Ich hätte mir das Vergnügen um vieles nicht versagen können, meine kleine Arbeit in Bertas Hände zu legen. Es hat etwas Beseligendes für mich, das, was ich in meinen unschuldigsten Stunden gedacht und geschrieben habe, von gläubigen Kinderseelen gelesen zu wissen. Berta ist das einzige Kind, dem ich mich auf diese Weise mitteilen kann. Sie hat gewiß Verstand und Gemüt, denn der Verstand allein versteht selten, was das Herz spricht. Doch ich spreche von einem Kinde, und am Ende ist gar keins mehr vorhanden. Meine gute Berta muß es mir nun einmal verzeihen, daß ich das Jahr nicht rechne, worin ich sie nicht gesehen habe."

„Die letzte Weihnacht," schreibt Storm, „habe ich wieder einmal nach drei Jahren im Kreise der Meinigen zugebracht. Meine Geschwister harrten und horchten, jubelten und sprangen wie sonst, der Baum brannte, ich wurde reichlich und liebevoll beschenkt wie vor Jahren. Allein der Zauber der Kinderwelt war verschwunden und, daß ich dies fühlte, war ein harter Schlag für mich am Weihnachtsabend. Die Welt, die wir in unserem Geiste bauen, ist alles — wir streben nach Wahrheit, und die beglückende Täuschung fällt —, darum liebe ich die Kinder, weil sie die Welt in sich selbst noch im schönen Zauberspiegel ihrer Phantasie sehen."

Am 15.' 3. 1838 schrieb Berta den ersten kindlichen Brief an Storm:

„Es tut mir so leid, wegen meiner langen Augenkrankheit nun so spät erst meinen Dank für die Freundlichkeit, mit welcher Du meiner gedacht, aussprechen zu können, aber früh oder spät kommt er doch aus warmem Herzen. Das hübsche Märchen hat Mutter mir gleich vorgelesen, da mir meine Augen es nicht erlaubten, es selbst zu tun und ich fand mich ganz in Deine Stelle versetzt, indem ich mit gespannter Aufmerksamkeit zugehört habe. Es ist doch ein recht guter Junge, der sitzt und sich den Mühlstein als Pastorkragen umhängt. Das ist eine prächtige Szene. Dann hat er ein so dankbares Gemüt, das gefällt mir so. Daß er immer, auch im Glücke, die Erinnerung an seine Bärenmutter nicht verloren hat und daß er den ungeschlachten Riesen tötet, war sehr gescheit. Was sollte er auch mit der schönen Prinzessin anfangen? Sie war auch gegen die alte Bärenmutter so freundlich liebevoll wie gegen Hansens Eltern. Kurz, lieber Theodor, Dein Märchen ist hübsch und erbaulich. Habe Du noch recht vielen Dank dafür.

Es ist aber doch eigentlich ein schlechtes Stück von Dir, mir zuzutrauen, in einem so kleinen Zeitraume von 365 Tagen vergessen zu können. Nein, im Gegenteil, es ist mir, als seiest Du erst vor einigen Tagen abgereist. Auch erzählen wir uns noch oft von dem merkwürdigen Gespenst, das bei Dir war, Deinem verbrannten Fuße und Deiner Tanzwut, die ihm so schlecht bekam. Es wäre doch recht schön, wenn Du Ostern kämest, dann wollten wir wieder recht vergnügt sein und tanzen. Ich tanze jetzt auch sehr gern. Kannst Du es nicht so einrichten?"

Und er richtete es so ein.

Das Interesse für das schöne Kind steigerte sich mit den Jahren zu einer bewußten Liebe. Berta wurde im tiefsten Sinne sein höchstes Gut, und sein Herz verlangte, sie ganz und für immer an sich zu fesseln.

Im Jahre 1841 entspann sich ein Briefwechsel zwischen Therese und Storm. Er legte ihr an Mutters Statt seine äußeren Verhältnisse dar und sprach von seinen Aussichten und Plänen für die Zukunft. Aber sie vermochte ihm nur wenig Hoffnung zu machen. Berta liebte ihren Freund mit kindlich gläubigem Herzen, aber nicht mit der bewußten Liebe des Weibes.

Therese antwortete Storm:

„Die mütterliche Liebe zu meiner Pflegetochter gibt mir allerdings gewisse schöne Rechte, doch habe ich nicht das Recht, über ihre Hand zu verfügen. Gerne hätte ich ihrem jungen Gemüte es erspart, mit ihrem Herzen und Verstande zu Rate gehen zu müssen, aber der innere Mensch wird sich seiner selbst am besten bewußt, wenn er durch besondere Veranlassung getrieben wird, sich einige Klarheit über sich selbst zu verschaffen."

Storm vermochte seine Sehnsucht nicht länger zu meistern, er fuhr nach Hamburg. Am Tage nach seiner Ankunft ging er in die Kirche, um Berta zu sehen.

Als er ihr schmales, bleiches Gesicht herausgefunden hatte, glaubte er in ihrem Blicke zu erkennen, ihre Andacht weiche der Andacht der Liebe. „Sie schaute," schrieb Storm, „nicht zum Priester, sondern zu mir. Und als nach der Predigt der Gesang begann, da trugen die Orgeltöne unsere Gedanken hin und wieder. Da war ich überzeugt, sie habe mich verstanden, sie wisse den Grund meiner Reise, sie liebe mich."

Aber sie hatte ihn nicht einmal erkannt. Storm ging nach Hause und schrieb aus dieser Stimmung heraus an sie:

„Ich glaubte einmal, die Versicherung Deiner Liebe gehabt zu haben, dann aber wurde es dunkel zwischen uns. Ich sah Dich nicht in langer, langer Zeit, ich hörte nicht von Dir, da konnte ich's länger nicht ertragen, ich kam hierher. Es war mir todesbang zu Sinn, die Leute, mit denen ich verkehrte, waren mir fremd, was ich liebte, ging wie ein Traum an mir vorüber. Als ich Dich in der Kirche sah, da war mir, als fühlte ich einen Strahl der Liebe von Dir zu mir hinüberdringen. Mißverständnisse, durch die soviel Elend anspinnt, dürfen uns nicht trennen. Wenn Du mich liebst, so sei Deine Liebe groß und gläubig — im andern Falle hab' soviel Mitleiden mit dem Freunde Deiner Kindheit, ihm ein letztes Wort zu schreiben, damit er mit seinem Leben abschließen kann. Laß mich diesmal nicht vergebens bitten. Einliegende Gedichte bewahre zur Erinnerung oder zum Unterpfand meiner Liebe — die Deutung liegt in Deiner Hand."

Aber Berta hatte noch keinen Sinn für leidenschaftliche Liebe, sie konnte keinen Entschluß fassen, der bestimmend für ihr zukünftiges Leben sein würde. Das ersehnte Wort wurde nicht gesprochen.

Die beiden Gedichte, die Storm seinem vorstehenden Briefe an Berta beilegte, lauteten:

Lebwohl.

Lebwohl, lebwohl! Ich ruf' es in die Leere;
Nicht zögernd sprech' ich's aus in deinem Arm,
Kein pochend Herz, kein Auge tränenwarm,
Kein bittend Wort, daß ich dir wiederkehre.
Lebwohl, lebwohl! Dem Sturme ruf' ich's zu,
Daß er den Gruß verwehe und verschlinge.
Es fände doch das arme Wort nicht Ruh' —
Mir fehlt das Herz, das liebend es empfinge.
Als noch dein Lächeln ging durch meine Stunden,
Da kam's mir oft: „Wach' auf, es ist ein Traum!"
Nicht fassen konnt' ich's — jetzo faß ich's kaum,
Daß ich erwacht, und daß ein Traum verschwunden.
Lebwohl, lebwohl! Es ist ein letztes Wort,
Kein teurer Mund wird mir ein andres geben.
Verweht ist alles, alle Lust ist fort —
„Die kurze Lieb', ach, war das ganze Leben!"
Mög' deinen Weg ein milder Gott geleiten!
Fernab von mir ist nah' vielleicht dem Glück.
Ins volle Leben du — ich bleib' zurück,
Und lebe still in den verlaff'nen Zeiten.
Doch schlägt mein Herz so laut, so laut für dich,
Und Sehnsucht mißt die Räume der Sekunden —
Lebwohl, lebwohl! An mir erfüllen sich
Die schlimmen Lieder längst vergess'ner Stunden.

Und blieb dein Aug'.

Und blieb dein Aug' denn immer ohne Tränen?
Ergriff dich nie im kerzenhellen Saal,
Hinschleichend in des Tanzes Zaubertönen,
Ein dunkler Schauer meiner ew'gen Qual?

O fühltest du's! Nicht länger kann ich's tragen!
Du weißt, das ganze Leben bist du mir;
Die Seligkeit von allen künft'gen Tagen
Und meiner Jugend Zauber ruht auf dir.

In meiner Liebe bist du auferzogen;
Du bist mein Kind — ich habe dich geliebt,
Als fessellos noch deine Locken flogen,
Als deine Schönheit noch kein Aug' getrübt.

Ob du dich nimmer nach dem Freunde sehntest,
Der abends dir die hellen Lieder sang,
Indes du stumm an seiner Schulter lehntest,
Und gläubig lauschtest in den vollen Klang?

O fühl' es nimmer, wie Vergang'nes quäle!
Doch wirst du's fühlen — weiß ich's doch gewiß
An jedem Funken deiner, meiner Seele:
Gott gab dich mir, als er dich werden hieß.

O kehr' zurück und wandle, was vergangen,
In dunkle Schmerzen der Erinnerung!
Noch blüht dein Mund, noch glühen deine Wangen,
Noch ist mein Herz, wie deines, stark und jung.

Ein Jahr später forderte Therese Storm auf, wie einst in ihrem Hause ein- und auszugehen und unbefangen die alten Verhältnisse wieder anzuknüpfen.

„Ich kann nicht," antwortete Storm, „und käme der ganze Himmel zu mir, ich müßte mich abwenden. Leben Sie wohl! Gott segne Sie, und lasse Berta einmal von einer Liebe umfangen werden, wie ich sie vergebens zu ihr im Herzen trug."

Aber die große Liebe, die viele Jahre später zu ihr kam, war auch vergebens. Der Vater verlor sein ganzes Vermögen und ließ sie in den bescheidensten Verhältnissen zurück. Nach dem Tode ihrer Pflegemutter bezog sie eine kleine Wohnung im Oberaltenstifte zu Hamburg. Ihr Lebensweg wurde immer stiller und einsamer. Von ihrer einstigen Schönheit waren ihr nur die strahlend blauen Augen geblieben; das nachtbraune Haar hatte das Alter gebleicht. Aber in ihrem Stübchen zwitscherten viele Vögel, und ihr Gesang mischte sich, wenn beim Neigen des Tages die Dämmerung herniedersank, mit den Träumen der Alten von Jugend und Schönheit, von Sonnenschein und Liebe.

Die Spuren, welche die Liebe zu Berta in Storms Leben zurückließ, vermögen wir in seinen Dichtungen noch weithin zu verfolgen. Auf sie sind zurückzuführen: „Nelken", „Damendienst", „Dämmerstunde", „Frage", „Rechenstunde", „Zum Weihnachten" und die Vierzeile:

> Und weißt du, warum so trübe,
> So schwer mir das Herz muß sein?
> Du hast mich geküßt ohne Liebe,
> Das wolle dir Gott verzeihn!

Im Liederbuche dreier Freunde finden wir außer einigen Vierzeilen noch: „Hörst du?", „Gesteh's", „Repos d'amour" und „Du bist so jung". Das letzte ist von diesen vier wohl das schönste, und ich lasse es deshalb hier folgen:

Du bist so jung.

> Du bist so jung — sie nennen dich ein Kind —
> Ob du mich liebst, du weißt es selber kaum.
> Vergessen wirst du mich und diese Stunden,
> Und wenn du aufschaust und ich bin entschwunden,
> Es wird dir sein, wie über Nacht ein Traum. —
> Sei dir die Welt, sei dir das Leben mild,
> Mög' nie dein Aug' gewes'nes Glück bekunden!

> Doch wenn dereinst mein halberlosch'nes Bild
> Lieb' oder Haß mit frischen Farben zeichnen,
> Dann darfst du mich vor Menschen nicht verleugnen.

Zum Schlusse gebe ich noch eine bisher unveröffentlichte Vierzeile, die im ersten herben Schmerze der Enttäuschung niedergeschrieben wurde:

> Ich kann dir nichts, bir gar nichts geben,
> Zu keinem Glück bedarfst du mein;
> In fremden Landen wirst du leben,
> In fremden Armen glücklich sein.

Auch in zwei Novellen finden wir die Erinnerung an diese erste Liebe niedergelegt, in „Immensee" und „Von Jenseit des Meeres".

VII.
Die Jahre 1842 bis 1846

Im Herbste 1842 legte Storm die juristische Amtsprüfung ab und ließ sich im Februar 1843 als Rechtsanwalt in seiner Vaterstadt Husum nieder. Am 20. April 1843 empfahl sich „der Advokat Woldsen Storm, wohnhaft bei dem Herrn Agenten Schmidt in der Großstraße", seinen Mitbürgern.

Eine ältere Freundin des Hauses, Fräulein Christine Brick, die in späteren Jahren als „Tante Brick" von Storms Kindern geliebt und im Kloster St. Jürgen gerne besucht wurde, führte ihm sein Hauswesen. Sie gehörte zu den einsamen Menschen; ihre Eltern waren lange tot, die Geschwister verheiratet. So kehrte sie gern in der Erinnerung in die Zeit ihrer Jugend zurück.

Tante Brick wußte Storm sein Heim wohnlich und behaglich zu gestalten. Mitunter, in der von Storm so geliebten Dämmerstunde, erzählte sie ihm von ihrem einfach verflossenen Leben. Daraus entnahm der Dichter den Stoff seiner ersten Novelle „Marthe und ihre Uhr". Die alte Dame soll recht böse gewesen sein, wie sie darin ein Stück ihres Lebens wiederfand.

Die Abende verbrachte Storm meist im Elternhause; auch zur Nachmittags-Teestunde stellte er sich gerne ein. Es plauderte sich gut mit Mutter und

Schwester, wenn auf dem runden Tische der blitzblank geputzte Messingteekessel auf dem „Kohlenkomfort" sein altes, ihm seit frühester Kindheit vertrautes Lied sang.

Einmal wurde die Behaglichkeit dieser Teestunde durch ein eigenartiges Ereignis unterbrochen. — „Eines sonnigen Nachmittags," erzählt Storm[1]), „während ich mit meiner Mutter am Teetische saß, wurde an die Tür gepocht, und auf unser ‚Herein' trat ein Maurergesell ins Zimmer und überreichte uns ein kleines Medaillon, das, wie er berichtete, bei der Arbeit in der Gruft in einem eingestürzten Sarge gefunden war. Durch mehreres Befragen wußte meine Mutter, daß der eingestürzte Sarg der Tante Fritzens[2]) sei; sie sah nach ihrem Bilde hinüber, das damals mit den andern dort über dem Sofa hing und auf dem das dunkle Medaillon sich deutlich abzeichnete. ‚Hier ist es,' sagte ich zu meiner Mutter, ‚sie hat es mit ins Grab genommen.' Als ich es öffnete, lag eine dunkle Haarlocke darin, ‚von wem', darüber waren wir nicht zweifelhaft. ‚Laß es in die Gruft zurückbringen,' sagte meine Mutter, und so geschah es, nachdem ich die Kapsel wiederum geschlossen hatte." Dieses Erlebnis war der erste Anlaß zu der Novelle „Im Sonnenschein"[3]).

Als Storm seine juristische Tätigkeit in Husum begann, wohnten noch frische Jugend und geschäftiges

---

[1]) Nachgelassene Blätter, abgedruckt im Novemberheft der Deutschen Rundschau von 1888.
[2]) Schwester Simon Woldsens II. s. Stammbaum, Beilage 1.
[3]) Im Sonnenschein, Bd. 1, S. 321 ff.

Leben im Elternhause. Der Vater stand auf der Höhe seines Schaffens, Mutter und Großmutter teilten sich in die häuslichen Arbeiten; Emil, ein zarter Knabe, und Cäcilie waren noch sehr jung.

Storms, deren Haus wohl der Mittelpunkt des Husumer Verkehrs war, gaben im Winter große Gesellschaften und Bälle. Auch sonst, wenn einmal recht viel Jugend versammelt war, wurden wohl oben in der nach den seltenen Stichen an den Wänden benannten „Kupferstube" schnell Tische und Stühle zur Seite gestellt und „rasend" getanzt, wie es in manchem Briefe der Beteiligten heißt.

Es war in Husum noch die Zeit des L'hombre- und Whistspiels. Die Gesellschaften der Honoratioren (zum Tee und Abendessen) begannen um 6 Uhr. Nachdem der mit liebevoller Sorgfalt bereitete Tee, dessen Duft die ganzen Zimmer erfüllte, getrunken war, wurden die Karten gebracht. Die Herren vereinigten sich zu einer Partie L'hombre, die bejahrteren Damen (die alte Frau Senator Woldsen fehlte nie) spielten Whist, die jungen Mädchen, zu denen sich bald die Söhne des Hauses gesellten, Landsknecht oder Vingt-un. Natürlich wurde hier mehr gelacht und gescherzt als gespielt. Um 10 Uhr ging man zu Tisch, und war die mit kräftigen Reden und Rundgesängen gewürzte Mahlzeit beendet, so wurde getanzt. So verliefen die Gesellschaften schon, als Großmütterchen noch jung war.

Storm verdrängte allmählich, wenigstens in seinem Elternhause, bei der Jugend das Kartenspiel durch geistige Genüsse, indem er vorlas oder erzählte. Wenn

Lucie Storm geb. Woldsen

der Winter draußen das Regiment führte, wurde auch wohl die Lampe heruntergeschraubt, ein heimliches Dämmerlicht erfüllte dann die Stube, und Storm erzählte eine grausliche Spukgeschichte, daß ein kalter Schauer nach dem andern seine Zuhörer überlief. Gar zu gern hätte er selbst eine wirkliche Spukgeschichte erlebt (er war ja ein Sonntagskind), aber das Reich der Geister blieb ihm lebenslang verschlossen. Es herrschte derzeit in Husum, wie überall im Norden, noch mancher Aberglaube, besonders vom zweiten Gesicht wußte man viel zu erzählen.

Im Stormschen Hause gab es auch einen unheimlichen Punkt. Das war die alte dreibeinige Totenlade, die nachts, so erzählte man sich mit Schaudern, die Bodentreppe herunterstolperte, wenn die alte Gruft auf dem St.-Jürgen-Kirchhofe sich wieder einmal öffnen wollte, um ein Mitglied der Familie aufzunehmen. In der Totenlade lagen feine, weiße Leinentücher, mit denen nach alter Sitte der Spiegel und die Fenster des Gemachs verhängt wurden, in dem die Toten ausstanden; auch um den Sarg herum wurden sie als Schmuck ausgebreitet. Diese Lade mit ihrem Inhalte vererbte sich von Generation auf Generation und ist noch heute in der Familie.

Seit seiner Rückkehr nach Husum regte Storm mancherlei Vergnügungen, besonders Maskeraden, an. Unermüdlich entwarf und besorgte er Kostüme für Freundinnen und Freunde. Den Damen gegenüber war er ein wenig tyrannisch, aber sie fügten sich meist seinen Anordnungen.

Auch das gleich rechts vom Flur des Elternhauses gelegene Musikzimmer wurde fleißig benutzt. Storm sang mit seiner kräftigen, der feinsten Biegungen fähigen Tenorstimme Lieder von Schubert und Mendelssohn, wobei seine Schwester Helene ihn begleitete. Unter seiner Leitung sangen die jungen Mädchen auch Duette.

Im Frühjahre 1843 gründete Storm, der Musik und Poesie in gleichem Maße liebte, einen Gesangverein. Die Übungen wurden im Hause der Frau Justizrätin Steemann abgehalten. Anfangs bestand der Verein aus 10 Damen und 8 Herren, bald aber fanden sich hinreichende Kräfte, so daß auch schwierige, klassische Sachen eingeübt und in den Konzerten aufgeführt werden konnten.

Schon zum 21. August 1843 wurde ein „Konzert zum Besten der Warteschule" mit folgendem Programm angekündigt:

I. Abteilung.

1. Ouvertüre.
2. Morgengebet von Mendelssohn-Bartholdy.
3. Jägers Abschied, Männerquartett von demselben.
4. Konzertino für zwei Flöten mit Pianoforte von Kummer.

II. Abteilung.

1. Ouvertüre.
2. Bergmannslied, Männerquartett von Glaser.
3. Was bleibt und schwindet von Romberg.

Das Königliche privilegierte Husumer Wochenblatt vom 27. August 1843 schreibt über dieses erste öffentliche Auftreten des Stormschen Singvereins:

„Am Montag, den 21. August, gab der hiesige Musik- und Singverein zum Besten der Warteschule ein Konzert. Der erst kürzlich ins Leben gerufene Verein lieferte den Beweis, daß sich mit Eifer und Lust in kurzer Zeit Erfreuliches leisten läßt. Die Aufführung aller Nummern ließ wenig zu wünschen übrig. Anerkennung fand dies auch im gesamten Auditorium und wird letzteres bei ferner zu gebenden Konzerten gewiß mit noch vermehrter Teilnahme zu weiteren Fortschritten den Verein aufmuntern und dessen Streben anerkennen. Die Reineinnahme für die Warteschule betrug 60 Mark und 4 Schilling."

Der Versuch Storms, ein geistliches Konzert in der Marienkirche zu geben, mißlang.

Der deswegen angegangene Propst erachtete sich nicht für befugt, die Erlaubnis zu geben; er hielt übrigens jedes Konzert in der Kirche für unpassend. Das Kirchenpatronat war milder. Es erteilte die Genehmigung, forderte jedoch als Begleitung Orgel und Posaunen. Da die Begleitung aber für Klavier gesetzt war, so begab sich Storm zu einem Mitgliede des Kirchenvorstandes und fragte ihn, ob er wohl ein Fortepiano in die Kirche bringen lassen dürfte. Dieser meinte gutmütig, da würde das Patronat wohl nichts dagegen haben können.

Nun ließ Storm die Anzeige des am 27. März

1844 stattfindenden Konzerts ins Husumer Wochen=
blatt einrücken:

„Konzert des Singvereins zum Besten der Warte=
schule in der Marienkirche.
1. Adagio für Orgel von Hesse.
2. Die Ehre Gottes aus der Natur.
3. Mozarts Missa pro defunctis, Requiem."

Das Kirchenpatronat verbot im letzten Augenblicke
das Konzert und Storm teilte dies in einem offenen
Briefe in demselben Wochenblatte, das die Aufführung
ankündigte, seinem Singverein mit, sich gleichzeitig über
das Verbot beschwerend. Auf den offenen Brief „des
Advokaten Woldsen Storm, Direktors des Singvereins",
erwiderten die zuständigen Geistlichen, daß sie wohl
das lobenswerte Streben des Vereins anerkennten, aber
von der Angemessenheit eines Konzerts in der Kirche
sich nicht hätten überzeugen können. Es sei doch kein
Konzert ein Gottesdienst und kein Gottesdienst ein
Konzert.

Die Aufführung fand dann in der Kirche des
St.=Jürgen=Stifts durch folgende Personen statt:

Sopran.

Fräulein A. von Krogh (Solistin). Fräulein C. von
Krogh. Frau Postmeister Schythe. Fräulein F. Jensen.
Fräulein J. Jensen.

Alt.

Fräulein L. Schmidt. Madame Storm. Fräulein
Stemann. Fräulein C. Esmarch.

Tenor.

Herr Th. Storm (Solist). Herr Postmeister Schythe. Herr S. J. Hansen. Herr R. Schmidt.

Baß.

Herr Sahr (Solist). Herr Livoni. Herr H. Fedder= sen (Primaner). Herr Fr. Fedderjen (Primaner). Herr Eckermann (Primaner). Herr Meyler (Primaner).

Begleitung: Fräulein Helene Storm und Herr F. Fedderjen.

Direktor: Herr Th. Woldsen Storm.

Ein Mitglied des Vereins bezeichnet in einem Briefe Storm als eifrigen und strengen Leiter. „Er dirigierte mit Feuer und Flamme. Bei den Übungen konnte er sehr heftig werden. Hauptsächlich seine Schwester Helene, die ihn in der Leitung unterstützte, wurde oft vor den Herren und Damen gescholten. Wenn nicht zu seiner Zufriedenheit gesungen wurde, so zog er die Stirn in düstere Falten und dann zitterten wir. War der letzte Ton verhallt, so schloß Storm stumm das Klavier, fuhr eilig in seinen Mantel und stürmte hinaus. Die verblüfften Sänger, die noch Tee trinken und Konfekt essen, vielleicht auch noch tanzen wollten, verschworen sich, nicht wiederzukommen. Zur nächsten Singübung fanden sich doch alle wieder zusammen. Die gemeinsame Freude war zu groß."

Zwei der gewichtigsten Persönlichkeiten, mit denen Storms Eltern in regem gesellschaftlichen Verkehr standen und mit deren Kindern Storm und seine Ge= schwister ihre Jugend verlebten, sollen mit des Dichters eigenen Worten geschildert werden. Es waren dies der Amtmann Kammerherr von Krogh und der Bürgermeister Lüders.

„Von der damaligen Beamtenherrlichkeit unter der absoluten Souveränität unseres Königlichen Herzogs," schreibt Storm in nachgelassenen Aufzeichnungen, „wird ein Spätgeborener sich kaum einen Begriff machen können.

Der regierenden Beamten waren derzeit drei: der Amtmann, der Bürgermeister und der Landvogt. Dieser war Gerichtsdirektor und gleichzeitig Polizeimeister des Amtes Husum, d. h. des Landdistrikts.

Der Amtmann von Krogh war ein unstudierter Mann von gesundem Menschenverstande und gutem, wenn es sich sagen ließe, unbewußtem Humor. Wenn die stattliche Gestalt in den hohen, bespornten Stiefeln dröhnend durch die Korridore des alten herzoglichen Schlosses schritt, so klang daraus das volle Bewußtsein eines Oberbeamten über das Amt Husum und Bredstedt und eines Oberstallers über die Landschaft Eiderstedt. Er war ein tüchtiger und von dieser Eigenschaft vollkommen überzeugter Mann. Er war etwas schwerhörig, dabei mit einem überlegenen Lächeln, und die Namen der ihm nicht nahe- und nicht höherstehenden Personen gerne, als sei das seine Sache nicht, dergleichen zu behalten, mit irgendeiner Verdrehung handhabend. Im Amte wie im Hause war er ein wohlwollender Mann. Auf Reisen und wenn er im L'hombre verloren hatte, zahlte sein Bedienter, der dann die Kasse führte."

Seine Tochter Auguste war die beste Solistin in Storms Singverein. Aber ein Gedicht, das Storm der Freundin zur Verlobung sandte, verrät uns, daß sie nicht nur seine beste Solistin war.

An Auguste von Krogh.

So löst du denn, was früher du verbunden,
Und schließt aufs neu' den innigsten Verein.
Nimm das zum Abschied: alle guten Stunden,
Die ich dir danke, sollen mit dir sein.
Doch darfst du nicht so leicht von hinnen gehen,
So leicht erwerben nicht dein neues Glück,
Den Himmel mußt du erst durch Tränen sehen,
Denn viele Liebe läßt du hier zurück.
O daß dir stets ein solcher Wechsel bliebe:
Von Liebe scheiden, gehen zu der Liebe.

„Wie von der Stadt aus der Landvogt den Landdistrikt, so regierte in der Stadt der Bürgermeister, damals Bürgermeister Lüders, ein hagerer, schwindsüchtiger Mann mit blassem Antlitz und dunklem Haar. Er ging stets mit einem gelbseidenen Schnupftuche um den Hals. Er galt für einen Tyrannen und litt wohl nur wenig Widerspruch. Aber er kannte nicht nur seine Stadt, er dachte auch für sie. Wenn bei Todesfällen die Verhältnisse in Verwirrung oder schwierig waren, dann ließ er den ältesten Sohn des Toten oder die Witwe oder Tochter zu sich kommen, ließ sich alles genauer noch berichten, als es ihm gewöhnlich schon bekannt war, und sagte: ‚So müßt Jhr es machen!' Davon haben mir lange nach seinem Tode ältere Leute mit Tränen in den Augen erzählt, und auf seinem Grabe steht eine eiserne Pyramide mit der Inschrift: ‚Errichtet von den Husumer Bürgern.' Auf mich machte er den Eindruck eines klugen und gewaltigen Mannes, und sein beiläufiges Scherzwort, das er wohl mitunter für mich hatte, erlöste mich nicht von diesem Eindruck.

Seiner trefflichen Frau, einer Freundin meiner Mutter, hing ich desto unbefangener an. Sie hatte die Eigentümlichkeit, recht verkehrtes Deutsch zu sprechen und es obendrein mit verdrehten Fremdwörtern zu verkräutern. Wenn sie mit letzteren gar nicht zurechtkommen konnte, kam ihr Mann ihr zu Hilfe und sagte: ‚Kehr's um, Gusti!'

Desungeachtet — Schelme behaupteten, sie sage statt Fontainebleau ‚Fontanellenblau' — war sie überall so geliebt wie geachtet und zeigte, daß ein guter, tüchtiger Mensch schon eine Tracht des Lächerlichen ohne Schaden tragen kann."

Leider enden hier die Aufzeichnungen über den damaligen Stormschen Bekanntenkreis.

Es ist noch das gastliche Haus des Senators Peter Jensen zu erwähnen, dessen Töchter Friederike und Doris, die eine früher, die andere später in engste Beziehungen zur Familie Storm traten. Die beiden Familien, hauptsächlich die Jugend, kamen fast täglich zusammen. Der Senator war ein vielbeschäftigter, liebenswürdiger Mann mit freundlichen blauen Augen. Storm rühmte an ihm besonders sein helles, so ansteckendes Lachen.

Im Sommer 1843 kehrte im alten Familienhause in der Hohlen Gasse ein sonniger Gast ein: Constanze

Esmarch, Storms Base. Sie war die am 5. 5. 1825 geborene Tochter des Bürgermeisters Ernst Esmarch in Segeberg. Nach dem Urteil noch Lebender, die sie einst gekannt, war sie eine herrliche Frauengestalt von großer Schönheit. Mit ihren hellen Augen, aus denen der Frohsinn leuchtete, und mit ihrem liebevollen, kindlichen Herzen gewann sie alle, die ihr nahetraten, im Sturm.

„Wir leben in Saus und Braus," heißt es in einem ihrer ersten Briefe an die Mutter nach Segeberg. Die Vergnügungen waren aber bescheidener Art. Constanze, Friederike Jensen und Storm mit Schwester Helene und Bruder Johannes machten einen Ausflug nach Hockensbüll, einem eine halbe Stunde von Husum entfernten Dorfe, wo sie im alten Kruge bei Trina von Hockensbüll Tee tranken. Oder es wurde verabredet, Thomas, den früheren Kutscher Johann Casimir Storms, in Rödemis zum Kaffee zu überfallen. Seine Frau verstand die schönsten Kuchen und Zwiebacke zu backen, und sie war immer auf den Besuch ihrer jungen Gäste vorbereitet. Zur Zeit der Pflaumenreife mußte Detlev, Thomas' Nachfolger, eines Nachmittags anspannen, um die jugendfrohe Gesellschaft nach Schwabstedt zu fahren. Dort gab es viele Meilen in der Runde die schönsten gelben Pflaumen. Bei Peter Behrens — der Wirt hieß immer Peter Behrens — wurde eingekehrt.

„Zum Amtsbezirke der Stadt gehörig[1]), aber reich-

---

[1]) Zur „Wald- und Wasserfreude, Bd. 5, S. 277/278.

lich eine Meile südwärts, lag ein großes Dorf; im
Rücken Buchen- und Tannenwälder, vor sich das breite,
silberne Band eines Flusses, der ein weites Wiesental
durchströmte. Auf einem Vorsprunge oberhalb des
Wassers stand der Kirchspielskrug mit seinem alten,
wetterbraunen Strohdach, den seit Menschengedenken
stets der Sohn von dem immer noch rüstigen Vater
überkommen hatte. Land- und Gastwirtschaft gingen
Hand in Hand: die Gäste fanden neben bäuerlicher
Behaglichkeit billige Preise, frische Butter zum selbst-
gebackenen Brote und goldgelben Rahm zum wohl-
gekochten und geklärten Kaffee."

Das war Schwabstedt mit seinem Kirchspielkruge
und dem Wirte Peter Behrens. Auch bei Storms
Kindern gehören die Ausfahrten nach Schwabstedt zu
ihren sonnigsten Kindheitserinnerungen, und immer
wurde noch bei Peter Behrens eingekehrt.

Nachdem die Pflaumen verzehrt waren und ein
großer Korb zum Mitnehmen gepflückt war, wurde
noch eine Stunde auf der Treene gerudert.

Der angehende Landwirt Johannes Storm, der
zu seiner Ausbildung bald in Jütland, bald in
Schweden war, nahm oft an diesen Ausflügen teil,
wenn er zum Besuche im Elternhause weilte. Er und
Rike Jensen sahen sich gern in die Augen. Theodor
Storm erzählte später, sie hätten sich als halbe Kinder
hinter seinem Rockschoße verlobt.

Als der Winter kam, war Constanze noch immer
ein von allen gern gesehener Gast im Hause Storm.
Es muß damals noch Eis und Schnee gegeben haben,

denn Constanze erzählt in einem Briefe an ihre Mutter von einer Schlittenfahrt. In neun Schlitten, in jedem ein Pärchen, fuhren sie nach Hadstedt, um Freund Ohlhues, den Sohn des dortigen Pastors, zu besuchen. Hier wurde dann Punsch getrunken und getanzt.

Storm war von schlanker, etwas gebeugter Gestalt. Im Punkte des Geradehaltens war er von unverbesserlicher Bequemlichkeit. Mund und Nase waren nicht schön, aber über seinen leuchtend blauen Augen wölbte sich eine hohe, klare Stirn. Sein dunkelblondes Haar trug er zurückgekämmt, und im eifrigen Gespräch strich er sich unbewußt mit seiner schlanken, schönen Hand darüber.

Anfangs fühlte sich Constanze nicht zu ihrem Vetter hingezogen, wohl weil er etwas selbstbewußt und den Frauen gegenüber herrschsüchtig war. Allmählich jedoch wandelten sich ihre Gefühle und es kam der Tag, an dem sie sich klar bewußt wurde, daß sie ihn von Herzen lieb habe.

Friederike Jensen schildert in einem Briefe vom Januar 1844 einen Abendbesuch bei Storms. „Constanze," schreibt sie, „war fast übermütig. Theodor und sie machten sich gegenseitig Liebeserklärungen. Wir wurden alle zu Zeugen aufgerufen, daß Theodor Constanze die Ehe angetragen und Constanze sie angenommen habe. Wie es geworden ist, weiß ich nicht."

Am Tage darauf machten Vetter und Base einen anfangs stummen Spaziergang den Deich entlang, aber dann sprachen sie und sagten sich, was sie doch schon lange wußten, und das ewige Meer rauschte dazu.

Es war bei Storm nicht die leidenschaftliche Liebe, die mit Urgewalt den Mann zum Weibe zieht. „Meine und Constanzes Hände waren mehr aus stillem Gefühl der Sympathie ineinander liegen geblieben. Die leidenschaftliche Anbetung des Weibes gehört ihrer Entstehung nach einer neueren Zeit an," gesteht Storm nach Constanzes Tode.

Schönheitsdurstig wie er war, sehnte er sich nach Frauenliebe. Constanze war schön. Da er ihr Wesen erkannt hatte, glaubte er mit ihr glücklich zu werden. Wohl war sie einmal heftig, aber das kam wie ein Gewittersturm, dem bald wieder Sonnenschein folgt. Storms stille Sympathie wurde mehr und mehr wirkliche Liebe, und bald sang er:

„Ich liebe dich, ich treibe Kinderpossen,
Du lächelst nur, was dir so reizend läßt.
Ist wohl das Märchen auch, das uns umschlossen,
Der Kindheit letzter, wunderbarer Rest?"

Johann Casimir und Frau Lucie wurden vollkommen mit der Verlobung überrascht. Vater Storm, der gern alles, was geschah und geschehen mußte, mit seinem Schwager, Justizrat Esmarch in Segeberg, einem treuen Verwandten und erfahrenen Manne, besprach, schrieb diesem sofort:

„Die Nachricht, welche die heutige Post Dir bringt, war mir bis gestern abend ebenso fremd wie sie Dir in diesem Augenblick, wo ich diese Zeilen schreibe, noch ist. Ich habe mich noch nicht von meinem Erstaunen erholen können, wenn sie mir gleich bei Constanzes Persönlichkeit erklärlich sein muß. Wie Du darüber denkst, weiß ich nicht. Im allgemeinen bin ich nicht für Familienheiraten, und im besonderen kann ich mir nicht verhehlen, daß die alleinige Bedenklichkeit in meines Sohnes Charakter liegt, der, wie ich bekennen muß, launenhaft ist, wie ich Deiner Tochter geradezu erklärt habe. Das Fortkommen des jungen Paares scheint mir, soweit menschliche Voraussicht geht, ziemlich gesichert. Er ist sehr gescheit und arbeitstüchtig, und wenn er mit Anstrengung daran geht, kann ihm, wenn ich noch einige Jahre lebe, die gesicherte Existenz nicht fehlen. Theodor hat alles, was dazu gehört, ein Familienglück zu gründen, und ich habe keine Ursache, zu bezweifeln, daß er das Seinige dazu tun wird. Du mußt, falls Du Deinen Konsens gibst, die Bedingung stellen, daß die Heirat $1^1/_2$ bis 2 Jahre hinausgeschoben werde. Dann dürfte es wünschenswert sein, daß Constanze nach 4 Wochen zurückkehre, weil ein solches Verhältnis die Arbeitslust vermindert. Von diesem Briefe weiß hier niemand etwas."

Frau Elsabe Esmarch, die Storm seit seiner frühesten Kindheit besonders geliebt und in seiner kränklichen Jugend oft gepflegt hatte, war hocherfreut über die Wahl ihrer Tochter. Vater Esmarch gab seine Zustimmung und scheint auch des Freundes Rat, seine Tochter bald zurückzurufen, befolgt zu haben. Aber er stieß bei dem jungen Bräutigam auf tatkräftigen Widerspruch. Er schrieb seinem Onkel am 7. 2. 1844:

„Für Deinen lieben Brief und das Vertrauen, das Du mir schenkst, muß ich Dir meinen herzlichsten

Dank sagen. Über mein persönliches Verhältnis zu Constanze kannst Du vollkommen beruhigt sein. Ich weiß sehr wohl, was ich an ihr habe, ohne darum überspannte Ansprüche an sie zu machen. Möchte es mir doch vergönnt sein, meiner und Deiner Constanze eine dauernde Zufriedenheit mit ihrem Leben bereiten zu können. Gewiß verdient sie, wie keine mehr, ein heiteres Lebenslos. Das Gefühl der Verantwortlichkeit steigt täglich mit der Überzeugung ihres Wertes. Aber davon bin ich überzeugt, daß sie mir durch ihren einfachen Sinn und durch ihre unergründliche Herzensgüte mit jedem Tage lieber werden muß. Wenn Du aber an Constanze schreibst, daß Du sie in einigen Wochen nach Hause wünschst, so darf ich das wohl nicht so ernst nehmen. Wenn wir uns nicht gleich heiraten können, warum sollen wir denn nicht soviel wie möglich zusammen sein? Sie ist hier auch in ihrer Familie und in jeder Hinsicht gut aufgehoben. Auch kann Constanze ja kochen lernen, wenn's denn schon nötig ist. Vorläufig bitte ich, sie wenigstens bis Ostern behalten zu dürfen. Dann will ich, wenn's Euch lieb ist, sie selbst nach Segeberg bringen."

Constanze blieb wirklich noch bis Ostern in Husum. Dann fuhr das Brautpaar mit der alten Großmutter Woldsen nach Segeberg.

Frau Magdalene Stuhr geb. Woldsen in Friedrichstadt äußerte eine lebhafte Freude über die Verlobung der beiden Schwesterkinder. „Theodor macht sich außerordentlich brav," schreibt sie ihrer Schwester Elsabe Esmarch, „hat viel zu tun, ist sehr beliebt und

hat mit Menschen im geselligen Verkehr, besonders
mit den wohlhabenden Mittelbürgern, durch seine an=
geborene Herzensgüte und Gutmütigkeit so recht die
Weise, wie die Leute genommen werden wollen."

Den Sommer über blieb Constanze bei den Eltern
in Segeberg. Aber schon im Herbste zog sie, ihrer
Sehnsucht nach, in die kleine, meerumrauschte Stadt.
Im Winter sollte sie unter Mutter Storms Anleitung
kochen lernen und sich zu einer tüchtigen Hausfrau
heranbilden.

„Constanze ist vor Mittag die tüchtigste Haus=
frau," schreibt Storm am 3. 2. 1845 nach Segeberg,
„jetzt strickt sie mir Strümpfe, während sie nachmittags
ihre Zeit mit mir teilt. Seit 8 Tagen hat sie ihren
Salomon[1]) hier, der das ganze Haus umrührt, bald
mit Otto, bald mit Constanze, meist aber mit mir im
Kriege liegt. Denn sie ist, geradeheraus gesagt, ein
kleiner Kobold, dem, wie es scheint, der Kopf noch
nicht ordentlich gewachsen ist. Um die Charakter=
schilderung zu vollenden, muß gesagt werden, daß man
es dem Dinge stark anmerkt, daß sie in den Unter=
haltungen alter Leute groß geworden ist, d. h. sie
ist halb altklug, halb naiv. Dabei kann sie übrigens
äußerst zärtlich sein, hat eine angenehme Gesundheit,
und meine Gunst hat sie dadurch errungen, daß sie
von allen Frauen die einzige ist, die Constanzes
Liebenswürdigkeit so recht von Grund aus begriffen

---

[1]) Marie Esmarch, eine Vater=Bruder=Tochter, spätere Frau
von Wartenberg, Malerin.

hat. Ich hoffe, die kleine Schilderung wird Dich nicht langweilen. Als lebendiges Schreckbild aber — verzeihe, daß ich es sagen muß — ist Dein Brief an Vater Husum[1]) uns erschienen. Hermann[2]) soll reisen, uns besuchen? Das wäre sehr nett. Hermann ist lange nicht bei uns gewesen. Aber Constanze abholen? Das zerstört alle unsere Pläne auf den Winter. Ich habe so vieles vor, mit ihr zu lesen, sie zu unterrichten, ich gebrauche so viele Strümpfe, ich kann ihre Stimme im Singverein nicht entbehren. Mit einem Wort, mit ihr ist alles frohe Winterleben dahin und der Winter ein wirklicher Winter. Ich bitte mir daher von Deiner Liebe aus, diese eine Tochter vorläufig hier zu lassen; Du hast ja so viele Töchter. Constanze und Helene vertragen sich so herrlich, sie ist so lieb und still und von allen geliebt."

Constanze blieb, ihre sonnige Gegenwart war auch sehr notwendig im Hause Storm, wo es nach manchen Seiten zu trösten und aufzurichten gab. Helene Storm und Friederike Jensen waren heimlich verlobt. Constanze und Helene waren die allein Wissenden und Vertrauten von Rike Jensens und Johannes Storms Herzensnöten. Sie vermittelten die Briefe der Liebenden und trösteten gerne, wo es zu trösten gab.

Helene Storm war keine glückliche Braut. Sie hatte ihre Liebe einem charakterschwachen, leichtsinnigen Menschen geschenkt und vermochte sich nicht von ihm

---

[1]) Scherzhafte Bezeichnung für J. C. Storm.
[2]) Constanzes Bruder.

zu lösen. Ihr Vater, der trotz seiner schroffen Außen=
seite Frau und Kinder tief im Herzen trug, wandte
sich in der Sorge um seine Tochter an Vater Esmarch:

„Was mich drückt und verstimmt, ist das Schicksal
meiner Tochter Helene. Ich war von vornherein gegen
die Partie mit G . . ., mußte mich aber fügen. Nach
allem, was ich erfahre, verzweifle ich aber daran, daß
jemals die Sache zum Guten geführt werden kann
und wird. Das ist jetzt der wunde Punkt meines
Lebens, der mich Tag und Nacht beunruhigt und wo
ich nicht zu raten und zu helfen weiß. Es lag in
meiner Absicht, mich persönlich mit Dir auszusprechen,
auch muß es über kurz oder lang geschehen, doch scheint
mir die Zeit dazu noch nicht gekommen."

Das Verlöbnis wurde bald darauf gelöst, Helene
atmete wieder auf und schloß sich um so inniger an
Constanze an.

Constanzes weiche, volle Altstimme wurde eine
kräftige Stütze für den Singverein, und Storm war
als Bräutigam ein weit liebenswürdigerer Dirigent als
im vergangenen Winter. „Es geht lustig und fidel
in Husum zu," schreibt Constanze. Bälle, Gesell=
schaften aller Art und Aufführungen wechselten in
buntem Durcheinander. Storm übersetzte kleine fran=
zösische Theaterstücke ins Deutsche, in denen er alle
charakteristischen Ausdrücke und Eigentümlichkeiten des
kleinen Kreises anbrachte. Sie wurden unter seiner
Anleitung eingeübt und aufgeführt.

In diesem Winter schrieb Storm seine poetische
Märchenszene „Schneewittchen".

Aber auch mit ernsten Dingen wurde der Tag ausgefüllt. An den Nachmittagen mußte Constanze auf Wunsch ihres Bräutigams Goethes Wilhelm Meister lesen. Sie erfüllte freudig sein Begehren. Als er aber auch täglich einige Stunden für französische Übungen, Musik und Gesang verlangte, um dadurch für ihr künftiges Zusammenleben die geistigen Beziehungen zu mehren und zu begründen, da strich die junge Braut die Segel und weigerte sich energisch.

Storm suchte, um diesen kleinen Zwiespalt beizulegen, Vater Esmarchs Vermittelung:

„Nach meiner Ansicht muß die Bildung zwischen Mann und Frau insoweit sich gleich sein, daß gegenseitige Anregung und leichtes Verständnis sich daraus ergeben. Ich weiß wohl, lieber Vater, daß die ältere Zeit der Frau einen niedrigeren Platz anmißt und jedes Mehrverlangen für überspannt hält. Wir von jetzt denken anders, und ich bin ein Kind meiner Zeit. Constanze hat mir entgegnet, daß ihr dann wenig Zeit übrig bliebe, um sich nützlich zu machen und einen bürgerlichen Hausstand führen zu lernen, zumal sie täglich eine Stunde spazieren gehen müsse. Ich habe hierauf geantwortet, daß nach meiner Ansicht die bürgerliche Stellung ihrer Eltern so sei, um wohl ihrer Tochter täglich 4 bis 5 Stunden zu ihrer eigenen Ausbildung zu gestatten, die sie für ihr Leben mit mir, was denn doch am Ende jetzt ihre Lebensbestimmung ist, bedarf; daß ihr aber neben der Erlernung eines so einfachen Hausstandes, wie er für uns in Aussicht steht, auch außer den 5 Stunden noch manche andere Zeit übrig bliebe, wenn man den Tag von 8 bis 10 rechne. So klar dies nun auch ist, so sehr Constanze dies auch einsehen wird, so weiß ich doch, daß ich nicht eher meinen Zweck bei ihr erreiche, bis ihr täglich 5 Stunden gewährt werden, die sie ganz frei und unbekümmert für sich hat. Am besten wäre es, wenn die Stunden bestimmt würden, denn daher kommt die mangelhafte Bildung unserer Frauen, weil den wenigsten eine regelmäßige, bestimmte Muße gewährt wird.

Wenn Du, lieber Vater, wie ich hoffe, in der Hauptsache wenigstens meine Absicht teilen wirst, so bitte ich Dich recht freundlich, Constanze diese Muße bei ihrer Mutter unzweifelhaft und ohne Abbruch zu vermitteln."

In einem Briefe vom 5. 1. 1845, in dem zugleich kurz eine bevorstehende Familiengesellschaft geschildert wird, berichtet Storm über seine französischen Studien mit seiner Braut.

„Sonntag, den 5. Januar 1845, einen kleinen wie bunten Brief. Er wäre in der Tat länger ausgefallen, wenn die Sirene drüben mich eher losgelassen hätte.

Vermelden muß ich doch, daß wir jetzt jeden Nachmittag französisch lesen, und zwar l'Avare von Molière.

Heute ist der große Jahresfeiertag bei Woldsens in Nordhusum, wo sich die letzten Zweige dieser alten Husumer Patrizierfamilie zusammenfinden. Diese Jahresgesellschaft hat sich aus Amsterdam ein Spielchen besorgt, eine Art Poch, vor dem unsere Damen, vor allen die reglementierte Kartenspielerin Constanze, ein gerechtes Grauen haben. Wir andern spielen, Gott sei Dank, L'hombre, und was die Tafel anlangt, so müssen beide Indien ihre Leckerbissen zum Dessert liefern. Ich werde dabei Deiner gedenken, lieber Papa, und mit Geist zu genießen suchen."

Im Anfange des Sommers 1845 brachte Storm seine Braut nach Segeberg zurück und verlebte dort einige Tage voll ungetrübten Glücks mit ihr. Der Garten am See stand in vollem Duft, Jasmin, Flieder und die alten Akazien waren mit Blüten beladen, und Constanzes geliebte Rosen begannen eben zu blühen. Aus dieser glücklichen Stimmung heraus schrieb Storm das Gedicht an Constanze[1]):

> „Nun gib ein Morgenküßchen!
> Du hast genug der Ruh';
> Und setz' dein zierlich Füßchen
> Behende in den Schuh'!
>
> Nun schüttle von der Stirne
> Der Träume blasse Spur!
> Das goldene Gestirne
> Erleuchtet längst die Flur.
>
> Die Rosen in deinem Garten
> Sprangen im Sonnenlicht;
> Sie können kaum erwarten,
> Daß deine Hand sie bricht."

Viele Jahre später, als Constanze schon lange ruhte und sehnsuchtsvolle Erinnerung, wie so oft, sein Herz erfaßte, schrieb er über diese Reise an seinen Sohn Ernst:

„Ich brachte Mutter, damals meine Braut, von

---

[1]) Bd. 8, S. 215/216.

einem Besuche hier nach Segeberg zurück. Damals hatten wir keine Eisenbahn. So machten wir im Dorfe Hollingstedt Station und aßen seelenvergnügt einen Eierkuchen. Als ich nach heiteren Tagen allein nach Husum zurückkehrte, aß ich wieder in Hollingstedt einen Eierkuchen. Aber Mutters Hälfte blieb ungegessen, und bei diesem Anblick durchfuhr mich, vielleicht zum ersten Male, mit allem Schmerz das Bewußtsein des Scheidens."

Das Jahr 1846 war reich an bedeutungsvollen Ereignissen in der Familie. Helene Storm verlobte sich mit einem Baumeister Lorenzen, einem geborenen Segeberger. Er kam aus Griechenland und war dadurch den Husumern interessant. Schon im August war die Hochzeit. Zur großen Freude der Eltern blieb das junge Paar in Husum. Sie wohnten in Senator Peter Jensens Nebenhaus. Seitdem versammelte sich der kleine, vertraute Freundeskreis bald in der Hohlen Gasse, bald bei Jensens. Dann malte man sich in den lichtesten Farben aus, wie es sein würde, wenn Constanze und Theodor sich auch in Husum ihr Nest gebaut hätten.

Friederike Jensens und Johannes Storms Verlobung wurde gelegentlich einer Gesellschaft bekannt gemacht und die sonst üblichen Verlobungskarten nicht versandt.

Am 12. Februar fuhren alle Husumer Verwandten zu Vater und Mutter Esmarchs silberner Hochzeit nach Segeberg, womit zugleich die Feier seines 25jährigen Dienstjubiläums verbunden war.

Am 13. Februar war der Polterabend. Dazu war im Rathaussaale eine Bühne für die Aufführungen aufgeschlagen. Sie wurden durch einen Festzug eingeleitet, in dem sämtliche Kinder des Hauses auftraten und von Storm verfaßte Verse[1]) sprachen.

Zuerst erschien Gott Amor und sprach zum Silberpaare:

> Wieder führ' ich heut' den Zug
> Wie beim ersten Feste;
> Amor bleibt die Hauptperson
> In der Zahl der Gäste.
>
> In mein Antlitz bringt die Zeit
> Fältchen nicht noch Falte,
> Doch wie jung ich immer bin,
> Bin ich doch der Alte.

Dann folgten die beiden jüngsten Kinder Sophie und Lolo. Lolo, die jüngste, sollte sagen:

> Wir sind zwei Kinder hier vom Haus
> Und folgen mit Bedachte
> Dem kleinen Gotte, der Mama
> So unendlich glücklich machte.

Bei den Proben aber deklamierte sie:

> Wir sind zwei Kinder hier von't Hus.

Das klang so allerliebst, daß man es auch bei der Aufführung so sprechen ließ.

Die danach auftretende zehnjährige Lotte stellte ein Bettelkind dar. Man hatte ihr ein zerrissenes Kleid und verschimmelte Schuhe angezogen, auch das Gesicht so weiß geschminkt, daß die Mutter bei ihrem

---

[1]) Ein Teil davon ist unter den Gedichten aufgenommen, s. Bd. 8, S. 294—296.

jammervollen Anblick in Tränen ausbrach. Es folgten noch viele andere Personen.

Am Morgen des Festes erschienen Vertreter der Bürgerschaft und die Ältesten der Zünfte, um Glückwünsche auszusprechen und Geschenke zu überreichen. Mittags paradierte die Christiansparade, die, nachdem der Oberst Worte der Hochachtung und Liebe gegen den Bürgermeister ausgesprochen, ein donnerndes Hoch ertönen ließ. Zur Mittagstafel waren so viele Personen geladen, wie es der Raum nur irgend zuließ. Abends fand ein Fackelzug und Illumination der Stadt, am nächsten Tage ein Ball auf dem Rathause statt.

Storm hatte nun in seiner Praxis so festen Fuß gefaßt, daß er daran denken durfte, sich sein eigenes Heim zu gründen. Mit seines Vaters Hilfe kaufte er sich ein behagliches, altes Haus auf der Neustadt. Die Neustadt ist eine schmale Straße, aber hinter dem Hause erstreckte sich ein mit Linden und Ulmen umstandener Garten. Rosen, Constanzes Lieblingsblumen, durften nicht fehlen. So ließ Storm eine Fülle von hochstämmigen und niedrigen Rosen anpflanzen, auch Jasmin und Flieder, seine Blumen, und unter dem Saalfenster einen Mandelbaum.

Am 15. September 1846 war die Hochzeit in Segeberg. Seltsamerweise blieben die Eltern, Großmutter Woldsen, das junge Ehepaar Lorenzen, Bruder Emil und Schwester Cäcilie in Husum. Wie die Hochzeit gefeiert wurde und wer dabei war, läßt sich nicht ermitteln. Aber bei seiner Ankunft in Husum am 16. September fand das junge Paar ein blumenge=

schmücktes Haus. An der umkränzten Haustüre empfing sie allein mit warmem Händedruck die alte „Tante Brick". Sie hatte ihnen das Haus eingerichtet, und zwar so behaglich, daß Constanze sich sofort heimisch darin fühlte. Die junge Frau eilte gleich durch alle Räume. In der Küche lachten sie Schinken und Würste an, und der Vorratsschrank war reich gefüllt. Im Saale waren die Türen nach dem Garten geöffnet; der Mond stand klar über den dunklen Bäumen — aber die Hungrigen hatten keinen Sinn für Mondenschein. Der kräftige Geruch eines von Mutter Storm gebratenen Beefsteaks lockte die jungen Eheleute an den runden Tisch, und sie ließen sich die erste Mahlzeit im eigenen Heim herrlich schmecken. „Ein kleines, stilles, nicht unanstelliges Wesen" wartete den jungen Herrschaften zum ersten Male auf.

Am 19. September berichtet Storm über die glückliche Ankunft nach Segeberg:

„Mit nicht ganz gutem Gewissen, lieber Vater, fange ich meinen Bericht an, den Du versprochenerweise schon heute in Händen haben solltest. Aber es war am ersten Morgen ein solcher Tummel mit Aus- und Einpacken, daß wir, aufrichtig gesagt, erst ans Schreiben dachten, als es bereits zu spät war. Auf dem Bahnhofe in Rendsburg wurden wir am Dienstagabend von Fräulein R. und Postmeister A. empfangen. Durch des letzteren laute und nicht endenwollende Glückwünsche zu unserer Vermählung, die er uns für jedes Mitglied seiner Familie und an jedes Mitglied unserer Familie einzeln abstatten zu müssen glaubte, litt ich sehr, zumal es noch in Anwesenheit unserer Reisegesellschaft geschah, der ich unterwegs erzählt hatte, daß wir seit einem Jahre verheiratet seien. Unsere Reise mußten wir leider, da das Dampfschiff seine Fahrten geändert hatte, mit Extrapost fortsetzen, womit wir denn abends gegen 9 Uhr in unserer Wohnung anlangten, von Tante Brick empfangen. Einen ausgedehnteren Empfang hatte ich mir ausdrücklich verbeten. Wir gingen bald nach der Hohlen Gasse, wo wir Vater, Großmutter und Emil ziemlich niedergeschlagen beisammen fanden. Helene war an Unterleibsentzündung erkrankt und Mutter bei ihr; jetzt ist die Gefahr vorüber.

Als wir dann in unserer Behausung noch beim Tee saßen und ich bereits die Haustür zugeschlossen hatte, wurde noch an die Tür geklopft, und unser Freund und Nachbar, der Deichinspektor, stürmte in seiner gewohnten Unbegrenztheit herein, um uns, da er am andern Morgen früh eine Reise antreten müsse, noch seine Aufwartung zu machen.

Unsererseits haben wir noch keine Besuche gemacht und wollen es damit auch noch sehr leise angehen lassen. Morgen als am Sonntage sind wir in der Hohlen Gasse.

Constanze wurde durch die hübsche Wohnung und den Garten, in dem wir gestern eine große Fliederbeerernte hielten, sehr erfreut, und ich kann versichern, daß sie die Qualität der Hausfrau bereits aufs beste an den Tag gelegt hat. Augenblicklich kocht sie Fliederbeersaft ein.

Doch ich sehe, daß ich mich zu sehr in Haushaltungssachen verliere, daß die liebe, kleine Frau notwendig selbst das Wort nehmen muß."

Constanze fügte dann noch einen flüchtigen Gruß hinzu und unterschrieb sich auf ihres Mannes besonderen Wunsch: Constanze Storm.

Aus dieser Zeit stammen die Gedichte:

   Nun sei mir heimlich zart und lieb

und

   Schließe mir die Augen beide,

ferner ein ungedrucktes vom 1. Pfingsttage 1846:

Gasel.

Du weißt es, wie mein ganzes Herz allein durch deine Milde
                lebt!
Denn wie die Schönheit nimmer schön, die nicht der Seele
                Atem kennt,
Wie einzig in des Lichtes Kraft der Zauber der Gefilde lebt,
So ist das Leben nicht belebt als durch der Liebe Sakrament;
Das fühlet, wer die Liebe fühlt, wer unter ihrem Schilde lebt.
Ich aber, der die liebste Frau sein unverlierbar Eigen nennt,
Ich fühle, wie die ganze Welt allein in ihrem Bilde lebt.

---

[1]) Bd. 8, S. 214/215.

VIII.
Die Jahre 1847 bis 1853

Die ersten Jahre der Ehe flossen in ungetrübtem Glück zwischen ernster Arbeit und harmlosen Freuden dahin, bis die politischen Stürme auch über die kleine Küstenstadt brausten und ihre Stille unterbrachen.

Constanze war eine Frau ohne Talente; einer ihrer Söhne erzählt:

„Ich habe niemals gesehen, daß sie gezeichnet oder schöne Stickereien angefertigt hätte. Auch im Gesangverein sang sie schlicht als Choristin mit, und ich erinnere mich sehr wohl, daß sie, um dem zu genügen, zu Hause mit meinem Vater übte. Sie hatte aber einen außerordentlich klaren Verstand und, was man früher wenigstens den Frauen absprechen wollte, das logische Denken war ihr mühelos, ja selbstverständlich. Verbunden war damit eine große Wahrhaftigkeit, die, wenn sie irgendwie einmal im Unrecht war, dieses niemals verteidigte, sondern gleich eingestehen ließ.

Die Wahrheit zu sagen, war das Erste und Letzte, was sie später ihren Kindern einprägte, und zwar mehr durch die Tat als durch das Wort. Launen gab es nicht, es stand immer gut Wetter am ehelichen Himmel. Die gewöhnliche Stimmung meiner Mutter möchte ich einem klaren, stillen Herbsttage vergleichen. Sie war stets einfach gekleidet. Wenn sie aber mit ihrem schlicht gescheitelten, vollen, braunen Haar im grauen Lüsterkleid, den Schlüsselkorb am Arm, durchs Haus ging, so ist es mir doch in der Erinnerung, als ob unter dem schlichten Gewande eine Königin einherwandelte. In ihren tiefliegenden, grauen Augen war ein stilles Leuchten. Was dies war, weiß ich jetzt, nachdem ich alt geworden bin und viele Menschen kennen gelernt habe, es war die große Güte, die meine Mutter für alle Menschen hatte."

Das Leben spielte sich im Sommer im Garten und im Saal ab. Seine Wände waren ganz in weißem Stuck gehalten und eine kleine Treppe führte von hier in den Garten hinab. Durch seine geöffneten Türen drang Blumenduft und Vogelsang herein. Im Winter beschränkte man sich hauptsächlich auf das sogenannte Vorzimmer, einen kleinen, gleich links vom Hausflur liegenden Raum. Seine Wände waren mit einer roten Damasttapete bekleidet und aus einem Ausbau konnte man nach beiden Seiten die Straße hinuntersehen. Gegenüber an der anderen Seite vom Flur lag ein bescheidenes Zimmerchen, wo Storm arbeitete und seine Klienten empfing.

Der Verkehr zwischen der Neustadt, der Hohlen Gasse und der Norderstraße, wo Schwester Helene wohnte, wurde fleißig gepflegt. Sonntags waren die beiden jungen Ehepaare fast immer zu den Eltern zum Mittagessen geladen. Im Sommer wurde dann der Nachmittagskaffee im Lusthause unter dem alten Ahornbaum getrunken.

Im Juli 1847 besuchte Mutter Esmarch zum ersten Male ihre Tochter und berichtet an ihren Mann nach Segeberg: „Nun bin ich bereits eine Woche hier, und täglich wird mir klarer, wie glücklich Constanze ist, wenn die kleinen Schwächen und Krankheiten, die sie in Segeberg hatte, sie auch nicht verlassen haben."

In dieser Zeit schreibt Constanze stolz über ihre erste größere Gesellschaft:

„Es waren 33 Personen, liebe Mutter, Du kannst Dir denken, daß ich mich ordentlich rühren mußte, denn ich mußte aus Ost und West zusammenleihen: von Kapitän P. 14 Stühle, 4 Tische, Teller und Gläser, das andere von Mutter aus der Hohlen Gasse. Es fiel ganz vorzüglich aus. Alle amüsierten sich, aber das Haus war auf den Kopf gestellt, das versichere ich Dich. Vorne in den beiden kleinen Stuben wurde Tee getrunken, oben auf dem größten Zimmer spielten die Herren L'hombre, hinten im Saal wurde ein kleines Konzert aufgeführt. Theodor sang wunderschön. Er hat jetzt wieder eine Stimme, so herrlich, wie sie noch nie gewesen ist, und unser kleiner Doktor[1]) spielte die Klarinette dazu. Nach dem Konzert wurden noch zwei Partien für die älteren Damen arrangiert und einige jüngere führten Charaden auf, die reizend waren. Dann wurde gegessen: ein Auflauf, belegte Butterbröte und zuletzt ein Linzer Kuchen.

Nach dem Essen wurde getanzt, und um 1½ Uhr ging die Gesellschaft auseinander.

---

[1]) Dr. Kuhlmann, Arzt in Husum. S. auch Bd. 3, S. 129 und 198.

Wir leben überhaupt sehr gesellig, und selten haben wir einen Abend ganz für uns. Glauben wir einmal, es sei der Fall, so kommt gegen 9 Uhr gewiß der kleine Doktor und sitzt bis 12 Uhr, so daß ich, wenn ich nicht angestrengt arbeite, einschlafe. Ein solcher Besuch gehört zu den kleinen menschlichen Leiden und muß mit Geduld ertragen werden."

Am 26. Oktober schenkte Helene Lorenzen ihrem Manne eine Tochter. Aber die Mutter starb am 10. November infolge des Wochenbettes, und acht Tage später folgte ihr das Kind. Storm gab seinem tiefen Schmerze über die verlorene Schwester in den beiden Liedern „Einer Toten"[1] ergreifenden Ausdruck. Im Manuskripte sind sie „Meiner Schwester" überschrieben mit dem Begleitworte:

> Des Jahres spätste Blumenkränze senden
> In deine Gruft den letzten Lebensglanz;
> So nimm denn zu den andern Liebesspenden
> Auf deinem Sarg des Liebes grünsten Kranz.

Der alte Storm wurde wohl am tiefsten durch den Tod seiner Lieblingstochter getroffen. Er hat seitdem niemals wieder an einer Geselligkeit außer dem Hause teilgenommen.

Im Juli 1848 fuhren Storm und Constanze zum ersten Male seit ihrer Verheiratung nach Segeberg, um dort einige ungetrübte Wochen zu verleben. Er war allein nach Hause zurückgekehrt, während seine Frau noch einige Zeit bei den Eltern blieb. „Aber,"

---

[1] Bd. 8, S. 211/212.

schrieb Storm ihr bald, „ich mag nicht unverheiratet sein. Je sommerlicher es wird, desto mehr bedarf man eines schönen Wesens in hellem Musselin."

Der Singverein stellte im Jahre 1848 seine Übungen ein, um sie nicht wieder aufzunehmen. Dieses Jahr erfüllte alle Schleswig-Holsteiner mit bangen Ahnungen, die keine Freude am Gesange mehr aufkommen ließen.

Der Versuch der dänischen Regierung, Schleswig von Holstein zu trennen und dem dänischen Staate einzuverleiben, rief die Erhebung in den Herzogtümern hervor. Dies Ereignis berührte Storms patriotisches Empfinden tief. Er gehörte nicht zu den politisch veranlagten Menschen, besaß aber ein starkes Gefühl für soziale Freiheit und konnte daher nicht zweifelhaft sein, auf welche Seite er gehörte.

Am 28./29. Oktober 1848 entstand als ein Protest gegen das Überwuchern der politischen Stimmung sein „Oktoberlied". Als Storm das Gedicht niedergeschrieben hatte, trat sein Freund Brinkmann[1]) zu ihm ins Zimmer und fragte ihn: „Was ist dir, Storm, wie leuchten deine Augen?" Dieser erhebt sich, reicht Brinkmann die Hand mit den Worten: „Ich habe eben ein unsterbliches Gedicht gemacht."[2])

Mit Hilfe des Deutschen Bundes gelang es den Schleswig-Holsteinern, die Dänen aus dem Lande zu vertreiben. Aber schon 1850, nach der für die Dänen

---

[1]) Amtssekretär in Rendsburg, Freund und Studiengenosse Storms.

[2]) Aus nachgelassenen Aufzeichnungen Storms.

siegreichen Schlacht bei Jdstedt, wurden die Herzog=
tümer wieder dänischer Besitz. Der mißglückte Sturm
auf Friedrichsstadt am 4. Oktober 1850 war das Ende
des traurigen Feldzuges. Die schleswig=holsteinische
Armee wurde von den Österreichern und Preußen ent=
waffnet, der Friedenszustand begann und mit ihm die
rücksichtsloseste Herrschaft der Dänen. Die dänische
Sprache wurde mit Gewalt in Schleswig eingeführt,
das ganze Land mit dänischen Beamten, geistlichen
und weltlichen, überschwemmt — wer ihnen hierbei
im Wege war, mußte das Feld räumen. Wer ein
deutsches Lied sang, ein Bild vom Herzog von Augusten=
burg besaß oder die blau=weiß=roten Farben trug, galt
schon für einen Hochverräter.

Während der Belagerung von Friedrichsstadt
herrschte in Husum große Aufregung. Die Kinder eilten
mit Blumen und Kränzen durch die Straßen, um ihre
Landsleute, von denen sie die Befreiung hofften, damit
zu schmücken. Am Abend, spätestens in der Nacht,
mußten sie ja kommen. Keiner konnte Ruhe finden.

> Schon hatten wir zu festlichem Empfang
> Mit Kränzen in der Hand das Haus verlassen;
> Wir standen harrend ganze Nächte lang,
> Doch nur die Toten zogen durch die Gassen [1].

„Bis 8 Uhr abends," erzählt Storm vom 4. Oktober
1850 [2], „standen wir auf unserem Deich, sahen nach
der Nachbarstadt hinüber, hörten den Lärm der Be=
schießung, sahen die Bomben fliegen — dann mußten

---

[1] Aus „Gräber an der Küste", Bd. 8, S. 241.
[2] Aus nachgelassenen Aufzeichnungen Storms.

Constanze Storm geb. Esmarch

wir nach Hause, denn in Husum war Belagerungs=
zustand erklärt, und wir hörten in unseren Häusern
nur die Wagen mit Verwundeten durch die dunklen
Straßen rasseln. Die gehoffte Befreiung blieb aus."

Nachdem zuerst 1848 das Gedicht Ostern ent=
standen war, das mit dem Rufe schließt:

> Das Land ist unser, unser soll es bleiben!

folgten 1850 die Gedichte:

> "Im Herbste 1850",
> "Gräber an der Küste"
> und "Ein Epilog".

Das tiefe Weh um die geliebte Heimat, der Schmerz
um die Schmach, daß der Feind unter den eigenen
Landsleuten Helfershelfer fand, aber auch der feste
Glaube, daß einst der Tag kommen werde, "wo diese
deutsche Erde im Ring des großen Reiches liegt",
spricht aus diesen Liedern.

> "Ich zage nicht, es muß sich wenden,
> Und heiter wird die Welt erstehn,
> Es kann der echte Keim des Lebens
> Nicht ohne Frucht verloren gehn.
>
> Der Klang von Frühlingsungewittern,
> Von dem wir schauernd sind erwacht,
> Von dem noch alle Wipfel rauschen,
> Er kommt noch einmal über Nacht!
>
> Und durch den ganzen Himmel rollen
> Wird dieser letzte Donnerschlag;
> Dann wird es wirklich Frühling werden
> Und hoher, heller, goldner Tag." [1]

---

[1] Aus "Ein Epilog", Bd. 8, S. 241/242.

Am 1. Januar 1851 wurde von den Dänen ihren bei Friedrichstadt gefallenen Brüdern auf dem Husumer Kirchhofe ein Denkmal gesetzt mit der Inschrift: „Den bei der heldenmütigen Verteidigung von Friedrichsstadt im Herbst 1850 gefallenen dänischen Kriegern, geweiht von Husums Einwohnern." Dieser Inschrift widersprach auffallend der Festzug, denn, trotzdem die Stadt in dänischer Gewalt war, beteiligte sich daran nur ein Husumer Bürger.

„Sie halten Siegesfest, sie ziehn die Stadt entlang;
Sie meinen Schleswig-Holstein zu begraben.
Brich nicht, mein Herz! Noch sollst du Freude haben;
Wir haben Kinder noch, wir haben Knaben,
Und auch wir selber leben, Gott sei Dank!"

sang der Dichter am Abend dieses Tages.

Storm legte, bis der Krieg entschieden war, seine Praxis nieder, von dem natürlichen Wunsche beseelt, mit den dänischen Beamten auch nicht amtlich zu verkehren. Nach Einstellung der Feindseligkeiten tat er keinen Schritt zur Aussöhnung mit der dänischen Regierung.

Am 25. Dezember 1848 wurde ihm eine seltene Weihnachtsgabe beschert: Constanze hielt glückselig ihr erstes Kind, einen zarten Knaben, im Arm. Die alte Großmutter Woldsen ließ es sich nicht nehmen, ihrem Urenkel gleich nach seinem Eintritt in diese Welt einen Besuch abzustatten.

Noch an demselben Abend schreibt Storm an den sehnsüchtig auf gute Nachricht harrenden Schwiegervater:

„Dieses unscheinbare Papier, lieber Vater, soll ein Gevatterbrief sein, zu dessen Abfassung, wie ich wohl fühle, meinem Wesen die erforderliche Würde abgeht. Darum sage ich lieber kurzweg, daß wir am 4. Februar unseren Jungen mit den Namen: Hans Casimir Ernst Magdalene Woldsen Storm taufen lassen wollen und Dich, lieber Papa, feierlich einladen, neben Großmutter und meinem Vater Patenstelle bei dem Jungen zu vertreten. Der Täufling und Constanze, wie wir sie als Mutter eines kleinen Kindes nennen wollen, befinden sich wohl."

Constanze wurde von allen, die sie liebten, „Dange" genannt. Sie behielt diesen Namen auch wohl trotz ihrer Mutterwürde, denn noch in der letzten, schweren Krankheit sprach Storm in seinen Fieberphantasien von „Dange".

Während des Belagerungszustandes waren Frieden und Behaglichkeit nur noch im eigenen Heim zu finden. Nach 8 Uhr abends durfte niemand sein Haus verlassen. Der Briefwechsel wurde von der Post überwacht. Für die damaligen Verhältnisse ist es bezeichnend, daß der Amtmann (er war, wie der Bürgermeister, Däne) bei der Einführung eines Geistlichen öffentlich in der Kirche sagte, er solle die Schullehrer und diese die Kinder Gehorsam lehren, der tue not.

Die stille Zuflucht in der Hohlen Gasse wurde Storm und seiner Frau dadurch gestört, daß dort die Postmeisterin S. notgedrungen hatte aufgenommen werden müssen. Diese Frau war so dänisch gesinnt, daß der alte gemäßigte Johann Casimir Storm während der

Friedrichsstädter Tage gar nicht ins Wohnzimmer kam.
Sein Sohn Theodor nahm kein Blatt vor den Mund,
und so kamen durch Frau S. seine Reden unter die
Dänen. Daher war es wohl gekommen, daß Storm
bei den Dänen in dem Rufe stand, er „rase vor Patrio=
tismus".

Die damaligen Zustände erkennen wir aus den
Briefen, die der Dichter seinem Freunde Brinkmann[1])
in Rendsburg schrieb. Detlef, der Kutscher des alten
Storm, beförderte diese Briefe, und nur deshalb war
es möglich, daß sie sich so rückhaltlos über alles aus=
sprechen konnten.

„Den 14. 10. 1850.

Sie werden es dort kaum begreifen, daß mir die
hiesige Beamtenwirtschaft der deutschen Apostaten fast
das Schmerzlichste geworden war und noch ist. In
dem Sinne ist auch das angelegte Gedicht[2]) entstanden,
das Sie abschriftlich gerne mitteilen mögen. Wir
können jedes Fünkchen Enthusiasmus gebrauchen, das
irgend zu finden ist. Daß nach und nach Leute zu
mir kommen, die aus Indolenz oder Dummheit die
Entscheidung der dänischen Behörden anrufen wollten,
brauche ich eigentlich ebensowenig zu erzählen wie, daß
ich sie mit den schönsten Predigten nach Hause geschickt
habe. Nichtsdestoweniger blieb mir bei solchen Ge=
legenheiten das allerunangenehmste Gefühl zurück,
dessen Ingredienzien Sie sich leicht vorstellen können.

---

[1]) Vgl. Anmerkung [1]) auf S. 191.
[2]) „Im Herbst 1850"; Bd. 8, S. 238.

Den 6. 4. 1851.

Bis zum 7. Februar (am 1. trat die Statthalterschaft ab) habe ich mich jeder Praxis enthalten, seitdem bin ich ziemlich stark beschäftigt. Kurz vorher forderte die Oberjustiz-Kommission eine Erklärung, ‚weshalb ich nicht praktiziere‘. Ich sollte auch gesagt haben, daß ich die Verhältnisse nur ‚faktisch, nicht rechtlich anerkenne‘. Ich erklärte mich dahin, daß, obgleich ich mich bei den politischen Bewegungen nicht betätigt, dennoch mein Gefühl und meine Überzeugung auf seiten der Heimat seien, daß ich dies am wenigsten jetzt verleugnen wollte, wo diese Sache beendet und verloren sei.

Ich habe mich mit Zivil- und Militärbehörden herumgeschlagen und Zorn und Scham genug dabei verschluckt. Von dem, was wir Zurückgebliebenen gelitten haben, habt Ihr andern, davon bin ich überzeugt, keine Ahnung.

Die Gendarmen hausen hier wie kleine Geßler. In Ostenfeld haben sie ein paar Tage nacheinander zwei angesehenen Bauern die Knochen im Leibe entzwei geschlagen. Die Ostenfelder sind zu mir gekommen, und ich trete kräftig für sie ein; ich bin einmal an meinem Platz. Als die desfallsigen Denunziationsschriften einige Tage eingegeben waren, drohte der Gendarmerieleutnant dem Bauer auf der Landstraße, ihn wegen dieser ‚Schweinerei‘ durchzufuchteln."

In dieser Zeit kehrte Storm wieder zur Musik zurück. Er verwandte täglich mehrere Stunden darauf, um der Begleitung der schwersten Mendelssohnschen

Lieber Herr zu werden. Mit seinem Freunde Dr. Kuhl=
mann¹) übte er Stücke, die für Klavier und Klarinette
gesetzt waren, und mit Constanze Duette. Abends las
Storm seiner jungen Frau im behaglichen roten Wohn=
zimmer die Odyssee vor, während sie an einem Kittelchen
für den kleinen Häwelmann²) nähte.

Im Frieden des eigenen Hauses fand unseres
Dichters Muse auch die weicheren Töne wieder. So
entstanden im Jahre 1849 „Im Saal", 1850 „Immen=
see", das Märchen, „Hinzelmeier, eine nachdenkliche
Geschichte", „Posthuma" und „Ein grünes Blatt", aus
dem der „Klang der aufgeregten Zeit" deutlich her=
austönt.

Eine Sammlung von Versen und Prosa erschien
1851 unter dem Titel „Sommergeschichten und Lieder"
im Verlage von Alexander Duncker in Berlin.

„Es ist drollig," schreibt Paul Heyse einer Tochter
Storms, „daß ich, der soviel Jüngere, ihm den Weg
zum Publikum öffnete. Meine Märchen ‚Der Jung=
brunnen' waren in A. Dunckers Verlage erschienen.
Eines Tages übergab mir Duncker ein Heft, betitelt
‚Sommergeschichten und Lieder', von einem ganz un=
bekannten Poeten mit der Bitte, es zu lesen und ihm
dann zu sagen, ob ich ihm raten könne, es in Verlag
zu nehmen. Ich gab es ihm zurück mit den Worten,
ich könne ihm nur Glück wünschen, die Bekanntschaft
dieses unbekannten Dichters gemacht zu haben."

---

¹) Vgl. Anmerkung ¹) auf S. 189.
²) Bd. 8, S. 217.

Dieser erste Band seiner Dichtungen ist Constanze mit einem herzlichen, an ihrem Geburtstage geschriebenen Begleitworte gewidmet.

„Sommergeschichten habe ich auf den Titel geschrieben; um das Wesen dieser Geschichten zu bezeichnen, hätte ich ‚Situationen‘ schreiben müssen. Lieber aber als eine Klassifikation, habe ich ihnen einen Namen mitgeben wollen; und weil sie Dir gewidmet sind, so heißen sie ‚Sommergeschichten‘ nach der schönen, an unserer Küste nur zu kurzen Zeit des Jahres, die Du, wenn sie fern ist, so sehr ersehnst, wenn sie da ist, so voll zu genießen weißt; — die Dir, was immer unter den Menschen geschehen möge, auch dieses Jahr und, wolle Gott! noch viele Jahre Deine geliebten Rosen bringen wird!

Husum, den 5. Mai 1850."

„Bei dem Ausdruck ‚Situation‘," schreibt Storm am 22. 11. 1851 an Freund Brinkmann, „habe ich an eine Stelle in Gervinus Literaturgeschichte (Band 5, Seite 697) gedacht, wo er sagt, die Novelle sei wesentlich Situation und als solche geeignet, der großen Gattung subordinierter Konversationspoesie, dem Roman, der sich im Geleise des modernen sozialen Lebens bewege, eine große, poetische Seite abzugewinnen durch Beschränkung und Isolierung auf einzelne Momente von poetischem Interesse, die sich auch im dürftigsten Alltagsleben finden. In dem Sinne, glaube ich, daß meine prosaischen Stücke recht eigentlich Novellen sind, denn eben dem Bedürfnis, nur das wirklich

Poetische darzustellen, haben sie ihre knappe Form zu verdanken."

Im April 1852 sandte A. Duncker eine in den Hamburger Jahreszeiten erschienene Besprechung der Sommergeschichten an Storm, damit er sich daran ergötze.

„Es ist ein kleines, artiges Talent, das uns aus diesem Büchlein entgegentritt. Wollte der Autor sich streng für das hier angeschlagene Literaturgenre entscheiden, so sind wir überzeugt, in ihm einmal einen Schriftsteller begrüßen zu können, wie Andersen einer für Dänemark ist. Das Märchenhaft=Sinnvolle, Naiv=Komische, Phantastisch=Burleske scheint sehr in seiner Begabung zu liegen. In gleichem Maße ist er ein Talent für leicht und anmutig skizzierte Novellen.

‚Immensee‘ ist z. B. in dem vorliegenden Buche eine recht nette, zart geschilderte Herzensgeschichte, die, um vollendet zu sein, nur einer größeren Abrundung und einer durchgreifenderen Behandlung bedurft hätte. Der Verfasser läßt sich im ganzen noch zuviel gehen und besitzt nicht Kritik genug, das Schwächere seiner Produktionen zu erkennen und wegzuwerfen. Zwischen seinen poetischen Kornähren blüht noch vieles und nicht selten sehr häßliches Unkraut. Eine Menge lahmer Gedichte und schlechter Einfälle beeinträchtigen die Wirkung des Buches im ganzen, lassen aber freilich manches noch immer ganz lieblich und bedeutsam daraus hervorblicken. Daß er ein Anfänger ist, geht nicht zu leugnen. Aber, wie uns scheint, liegt es nur an ihm, sich zum Meister zu machen. Ernst, Studium und Fleiß können gewiß etwas Tüchtiges aus ihm entstehen lassen."

In einer anderen Besprechung aus dieser Zeit wird Storms „von der Musik erfüllte Schreibweise" mit Adalbert Stifters sinnigen Dichtungen verglichen.

In dieser Zeit ist auch das plattdeutsche Gedicht „Gode Nacht"[1]) entstanden. Storm wollte damit seinen Freunden beweisen, daß sich die plattdeutsche Sprache dazu eigne, die innigsten Empfindungen auszudrücken.

Zwei Jahre später sandte ihm Claus Groth, ein bisher ganz unbekannter Dichter, seinen Quickborn. Storm genoß das Buch mit inniger Freude, die noch erhöht wurde, als es einige Jahre später mit Bildern Otto Speckters erschien.

„Noch niemals," schrieb Storm dem Künstler am 20. 11. 1859, „haben Bilder mir eine solche Freude gemacht. Ich war, als ich das Buch erhielt, mit meiner Familie vor kurzem nach Potsdam übergesiedelt, um mich, wie so viele meiner Landsleute, bei dem dortigen Gericht für den Dienst der Fremde vorzubereiten. Meine Frau und ich vertieften uns ganz darin. Das waren Land und Leute unserer Heimat, das war sogar die Luft, das Wetter wie zu Haus. So wie auf Blatt 209 hatte auch ich auf den kleinen Werften die Kinder im Abendschein spielen sehen, und ‚Bullmacht Hansen' meinte ich durchaus persönlich gekannt zu haben. Dieses männlichen Stiftes bedurfte es, um das Leben unserer Heimat zur Anschauung zu bringen.

---

[1]) Bd. 8, S. 218.

Maler und Dichter ergänzen sich hier völlig. Nicht selten geht der Maler über letzteren hinaus und gibt die vollendete Ausführung des poetischen Gedankens, wo die Mittel des Dichters nicht ausgereicht haben. So Seite 258, wo nur die dritte Strophe dem Bilde ebenbürtig ist; bald aber wetteifern beide an Tiefe und Innigkeit, so in ‚Dat Moor‘, ‚As ick weggung‘ und vielen andern."

Im November 1850 sandte Storm mit einem freundlichen Begleitschreiben seine „Sommergeschichten und Lieder" dem von ihm hochverehrten schwäbischen Dichter Eduard Mörike. „Eine Botschaft alter Liebe", begann der Brief, „soll dies Büchlein an Sie, verehrter Mann, bestellen; verschmähen Sie den Boten nicht, ich bin ein Dilettant und habe keinen bessern."

Wenn Mörike auch erst nach $2^{1}/_{2}$ Jahren für diese Gabe dankte, so schloß sich daran doch ein Briefwechsel zwischen den beiden Dichtern, der zehn Jahre fortgeführt wurde.

Der kleine Hans wuchs zur Freude seiner Eltern heran. Für eine kurze Zeit vergaß Storm das Leid um die Heimat, wenn er seinen Jungen in der Dämmerung auf den Schoß nahm und sich in seine Seele versenkte.

„Hans saß lange auf meinem Schoß," schrieb er am 23. 5. 1851 an Freund Brinkmann, „und wir führten dann die innigsten und tiefsten Gespräche. Abends, wenn er seine Gliederchen müde gespielt hat, ist Gemüt und Phantasie immer am beweglichsten bei ihm, und ich muß mit Gewalt dem Reize widerstehen, die kleine Seele nicht weiter herauszulocken als sie schon von selber will. In solchen Stunden erfüllt mich oft das phantasievolle Aussehen des Knaben mit Besorgnis, die meine Liebe wiederum erhöhen hilft."

Am 30. Januar 1851 genas Constanze eines zweiten Sohnes. Er war kräftig, gedieh sogleich vortrefflich „und führte sich zum Besten seiner Mutter auch des Nachts bürgerlich und ruhig auf".

„Es ist eine eigene Sache, zwei Söhne zu haben," heißt's in einem Schreiben an Brinkmann, „ich habe mich noch nicht hineinfinden können, werde es auch nicht, solange die Seele in meinem zweiten kleinen Kinde nicht etwas deutlicher erwacht ist. Soviel aber weiß ich, ich werde sie beide lieben, sie und ihre Mutter, mit jedem Tage mehr. Einen Namen hat der Junge natürlich noch nicht. Wer mag eine heilige Handlung durch Menschen vollziehen lassen, die unsere Heimat mit Füßen treten?"

Das Jahr 1851 brachte der Familie noch ein freudiges Ereignis: Johannes Storm wurde Besitzer eines Hofes Bockhorst in Holstein und konnte nun auch im Frühjahr 1852 Hochzeit machen.

Das häusliche Leben floß still und friedlich dahin. Der alte Freund der Familie, Propst Feddersen, — sein Sohn heiratete später eine Schwester, seine Tochter einen Bruder Constanzes — kam fast jeden Abend mit seiner Tochter Käthe zum Vorlesen. Die Frithjofssage und Dahlmanns „Englische Revolution" wurden in diesem Winter gelesen.

Es wurde Storm immer klarer, daß er das Leben in der Heimat, das Treiben der Fremden, die Niedertracht der Einheimischen nicht lange mehr würde ertragen können. Wollte er nicht geistig und körperlich zugrunde gehen, so mußte er seinen ausgewiesenen Landsleuten folgen und sich sein Brot in der Fremde suchen.

„Mir ist schändlich zumute," schreibt er schon am 16. Juli 1851 an Brinkmann, „die Wirtschaft hier geht über alle Grenzen. Ich habe hier Butter und Brot, und könnte ich es mit Sicherheit irgendwo anders essen, ich würde mich nicht besinnen."

1851 feierte Storm zum letztenmal für lange Jahre das Weihnachtsfest in der Heimat. Er schildert diese Feier in einem Briefe an Brinkmann:

„Ich bin in diesen Tagen ein rechter Weihnachtsmann gewesen, darum wollt Ihr, lieben Freunde, Euch auch nicht wundern, wenn dieser Brief zum Teil von einem Kinde geschrieben wird. Ich sitze hier in unserem Saal, der das Wohnzimmer für die Festtage ist, und vor mir steht der Weihnachtsbaum — und welch einer! Die schönste Tanne meines Gartens, mit der Spitze fast an die Decke reichend, mit den unteren Zweigen fast die Holzbütte überhängend. Zuckerzeug von Meier aus Altona: schleswig-holsteinische Dragoner, Eisele und Beisele, Frösche in natürlicher Größe und Affen; kleine nackte Wachskinder, die jedes Mädchenherz entzücken müssen, schweben auf den Tannenspitzen, unzählige Glaskugeln, goldene Eier, goldene Nüsse, denen ich die Arbeit der Feiertage widmete, während Propst

Feddersen aus Arnims ‚Appelmänner‘ vorlas;
Rosinengirlanden, Rauschgoldstreifen, buntgefüllte
weiße Netze, über deren richtige Konstruktion eine
ganze Ratsversammlung gehalten worden ist.

Auf diesen wunderschönen Baum haben wir uns
außer der Hohlen Gasse den alten Propst Feddersen,
den kleinen würdigen Doktor[1]) und Detlef[2]) einge=
laden, der im schönsten Staat erschien. Unsere alte
Großmutter, die einige schlagartige Zufälle gehabt hat,
war doch wieder so weit hergestellt, um in der Kutsche
erscheinen zu können. Nachdem 5 Personen 6 Stunden
damit zugebracht hatten, nur um die Sachen an dem
Baume zu befestigen, wurden dann gestern abend um
5 Uhr 60 Lichte angezündet. Ein eigenes Gefühl war
es, daß der Baum noch lebendig ist und nach Neu=
jahr wieder in die Erde soll. Was wird der den
Vögeln zu erzählen haben?!

Hans, der, bis der ersehnte Ruf erscholl, wie eine
Stahlfeder, so oft die Tür aufging, gar nicht in der
Vorstube zu halten war, wurde so mit Spielzeug von
allen Seiten überschüttet, daß er eigentlich an keinem
einzelnen ein rechtes Interesse finden konnte. Er bekam
20 verschiedene, zum Teil größere Sachen, darunter
4 Bilderbücher, und in der Tat die Creme vom dies=
jährigen Kinder-Bilderbüchermarkt. Der kleine Ernst
hatte an allem die unaussprechlichste Freude. Er saß
auf der Diele und trommelte auf einer kleinen Trommel,

---

[1]) Dr. Kuhlmann.
[2]) Kutscher bei J. C. Storm.

und dann hielt er wieder still und brach in laute Bewunderung aus, indem er rief: ‚Papa' oder ‚Mama' oder sonst einen entzückenden Laut aus seiner kleinen Kinderkehle. Der Baum mit seinen Lichten machte die Luft im Saale so heiß, daß wir die Türen öffnen mußten. Die alte Großmutter saß ganz selig im Sofa. Sie wünschte nur, daß wir noch viele so schöne Weihnachten verleben möchten, aber es sei wohl ihr letzter. Sie habe sich so darauf gefreut, noch einmal das Fest mit uns zu verleben, daß sie in den letzten Tagen jede Stunde gezählt habe.

Nachdem der Baum $1^1/_2$ Stunden gebrannt hatte, wurden die Lichte ausgelöscht, wogegen Hans heftig protestierte, und nun gab es in dem ganz finsteren Saal Schattenspiel.

Nach 7 Uhr fuhr die Hohle Gasse nach Hause, und die Kinder wurden ins Bett gebracht. Der Rest der Gesellschaft besah nun die Bilderbücher, die 24 ersten Münchener Bilderbogen und die Schiefertafelbilder, die ich für den Weihnachtsabend angeschafft hatte. Wir saßen in der angenehmsten Wolke von Tannenbaum- und Weihnachtskuchenduft. Zum Schlusse kam noch das unerläßliche Festgericht von Fisch und Jutjen — so schreibe ich diese Lieben —, und dann war die Polizeistunde und die vollkommene Müdigkeit da."

Am nächsten Tage machte Storm in der Frühe einen Spaziergang. Alles lag so still im winterlichen Sonnenschein, die Hähne krähten, und er begann zu reimen:

"Goldstrahlen schießen übers Dach,
Die Hähne krähn den Morgen wach;
Nun einer hier, nun einer dort,
So kräht es nun von Ort zu Ort!
Und in der Ferne stirbt der Klang —
Ich höre nichts, ich horche lang'.
Ihr wackern Hähne, krähet doch!
Sie schlafen immer, immer noch."[1]

"Da ist schon wieder etwas politischer Wind in den Versen, wer kann jetzt harmlos bleiben!" schreibt der Dichter.

Die dänische Regierung kassierte 1852 Storms Advokatenbestallung. Während er eine Anstellung als Richter außerhalb der Heimat suchte, führte er seine Praxis unter dem Namen seines Vaters weiter.

Im Februar 1852 bewarb er sich um die Bürgermeisterstelle in Buxtehude. Sechs von zehn Stimmen mußte er haben, aber er erhielt nur vier, und das Spiel war verloren.

Nun bat er in Gotha und Preußen um eine Anstellung. Aus dem Kabinett des Herzogs von Gotha ging bald eine freundliche, aber ablehnende Antwort ein. In Preußen hatte Niebuhr[2], der beim Könige nicht ohne Einfluß war, seine Angelegenheit in die Hand genommen. Auch der Geheime Rat Friedländer, vortragender Rat im Justizministerium, unterstützte Storms Bestrebungen und hoffte in absehbarer Zeit sein Schiff unter Segel zu bringen.

Um seine Angelegenheit schneller zu fördern, fuhr

---

[1] "In der Frühe", Bd. 8, S. 225.
[2] Sohn des bekannten Geschichtsforschers.

Storm im Februar 1852 zum ersten Male nach Berlin. Seine Muse hatte ihm hier schon den Weg geebnet: die „Sommergeschichten und Lieder" hatten ihm Freunde erworben. Der Redakteur des „Deutschen Kunstblattes", Friedrich Eggers, führte ihn zu Theodor Fontane, Lektor im literarischen Kabinett des Ministeriums, und in das Haus des Kunsthistorikers Franz Kugler, von den jungen Dichtern „der ewige Herd" genannt. Kugler lud Storm zum Mittagessen, bei dem er den literarischen Kreis kennen lernen sollte: Fontane, Paul Heyse, Eggers, Merkel und Zöllner. Kugler wohnte in dem Hause, das früher dem Kammergerichtsrat Hitzig, dem Freunde E. T. A. Hoffmanns, gehört hatte.

Fontane läßt uns in „Von Zwanzig bis Dreißig" einen Blick in „den ewigen Herd" tun[1]).

„Da, wo die weit vorspringenden Mansardenfenster ohnehin schon kleine, lauschige Winkel schufen, waren Efeuwände aufgestellt, die, sich rechtwinklig bis mitten in die Stube schiebend, das große Zimmer in drei, vier Teile gliederten, was einen ungemein anheimelnden Eindruck machte. Man konnte sich, während man im Zusammenhang mit dem Ganzen blieb, immer zurückziehen und jedem was ins Ohr flüstern. An gesellschaftlichen Hochverrat dachte dabei keiner."

An einem Abend wurde Storm von Kugler und Eggers in den „Tunnel"[2]), einem 1827 gegründeten

---

[1]) Theodor Fontane, „Von Zwanzig bis Dreißig", S. 300/301.
[2]) Näheres über den Tunnel findet sich in Fontanes „Von Zwanzig bis Dreißig", S. 255 ff.

literarischen Verein, eingeführt. Kugler trug sein Gedicht „Stanislaw Oswiecim" vor, das die Geschlechtsliebe zwischen Bruder und Schwester behandelte. Hierdurch angeregt, dichtete Storm, nach Husum zurückgekehrt, sein „Geschwisterblut"[1]).

Über Stanislaw Oswiecim schreibt Storm:

„Dies im Tunnel in Berlin vorgelesene Gedicht von Franz Kugler gab Veranlassung zu meiner Romanze ‚Geschwisterblut', durch welche ich eine tatsächliche Kritik der Kuglerschen Dichtung liefern wollte. Sie wurde dann durch Eggers in meiner Abwesenheit dort vorgelesen und erregte, wie er schrieb, ein stürmisches Für und Wider."

Eggers schildert in einem Briefe an Storm — 10. 3. 1853 —, welchen Eindruck das Gedicht auf die Tunnelgesellschaft machte:

„Nun schnell zu Ihrer Ballade! Ich kündigte sie im Tunnel an und forderte in Ihrem Namen ein Urteil. Kugler erbot sich, zuvor die seinige noch einmal zu lesen; es geschah, und ich folgte nach. Ihre Arbeit hatte die größte Wirkung. Ich mußte noch einmal lesen und die letzte Hälfte noch einmal. Die lebhafteste Erörterung schloß sich an, und ich habe niemals Himmel und Hölle so nah' beieinander gesehen. Man wurde sehr warm, die einen hoben das Gedicht bis an die Sterne, kamen an den grünen Tisch gelaufen, um sich Prachtstellen noch einmal einzuprägen, die andern verdammten es in sittlicher Entrüstung.

---

[1]) Bd. 8, S. 207—209.

Der gute Petrarka[1]) war ganz sprachlos, sein Nachbar Carnot[2]) dagegen sprach sich die Lunge aus, um seiner ganz besonderen Ansicht Geltung zu verschaffen. Die meisten bewunderten und verurteilten zugleich.

Schade, daß ich Ihnen nicht noch an demselben Abend geschrieben habe, ich hätte vielleicht manche Äußerung wörtlich anführen können. Kurz, es gab Donner und Blitz, Sonnenschein und Regen, alles durcheinander.

Wollen Sie mir noch einige Bemerkungen gestatten, so wären es diese. So wie Sie Ihr Gedicht beenden, darf es nie und nimmermehr zu Ende gehen. Was ist es? Es droht zwei leidenschaftlichen Menschen Blut=schande; sie versuchen, ob nicht wenigstens eine, wenn auch nicht die höchste, Instanz für ihre Gutheißung zu gewinnen ist. Da dies nicht geschieht, so wagen sie die Sünde auf ihre eigene Rechnung. Wie kann man das zum Gegenstand eines Kunstwerkes machen? Wie kann man mit Mitteln einer Stormschen Muse den jammervollen Fall verherrlichen? Mit welchen Gründen wollen Sie eine solche Behandlung des Stoffes ästhetisch rechtfertigen, namentlich, da Sie sich nicht außerhalb unserer christlichen Anschauung stellen? Denn Ihre Leute gestehen ein, daß die Stunde des Verderbens da ist. Ich weiß wohl, daß sich in Athen, bei den Mexikanern Bruder und Schwester heirateten. In Athen geschahen noch andere Dinge gegen die

---

[1]) Tunnelname für Kaufmann Lesser.
[2]) Tunnelname für Major Blesson.

Natur, und der Mensch kann sich in gewissem Grade daran gewöhnen. Trotzdem ist nach unserer Anschauung ein solches Verhältnis sowohl wider die Natur als auch wider die Sittlichkeit. Gut! Nun gibt uns aber die Geschichte den Beginn einer Leidenschaft, welche in ein naturwidriges Verhältnis auszuarten droht. Das ist durchaus möglich und annehmbar; denn wo versuchte die Natur sich nicht in Abweichungen von ihren eigenen Gesetzen? Will aber der Dichter diesen Stoff behandeln, so hat er zu zeigen: entweder, wie seine Helden sich selbst besiegen und die Sittlichkeit recht behält, oder, wenn sie die Leidenschaft schon haben, so groß werden lassen, daß sie das Ewige nur noch durch den Untergang des Zeitlichen retten können, wie sich die Sittlichkeit ihr Recht mit einem Opfer erkaufen muß. Zu dem Dritten aber, daß sie sich die Leidenschaft über den Kopf wachsen lassen und dem ewigen Verderben mit Pauken und Trompeten in die Arme rennen, hat der Dichter kein Darstellungsrecht. Jetzt verteidigen Sie sich, verehrter Mann!"

Storms Verteidigung finden wir in seinem Briefe an Eggers vom 29. 3. 1853, in dem es heißt:

„Jede Sitte, worunter wir an sich nur ein allgemein Geltendes und Beobachtetes verstehen, hat ein inneres, reelles Fundament, wodurch sie ihre Berechtigung erhält. Die Sitte — denn mit richtigen Verboten in dieser Beziehung haben wir es hier nicht zu tun —, daß Bruder und Schwester sich geschlechtlich nicht vereinen dürfen, beruht auf der damit übereinstimmenden Natureinrichtung, welche in der Regel

diesen Trieb versagt hat. Wo nun aber im einzelnen
Falle dieser Trieb vorhanden ist, da fehlt auch für
den einzelnen Fall der Sitte das Fundament, und
der einzelne kann sich der allgemeinen Sitte gegen=
über oder vielmehr entgegen zu einem Ausnahmefall
berechtigt fühlen. Daß er nun sein natürliches Recht,
nachdem er vergebens gesucht hat, es mit der Sitte
in Einklang zu bringen, kühn gegen alles Verderben
eintauscht, das der Bruch mit dem Allgemeingültigen
(Religion ist in gewisser Beziehung auch Sitte) über
ihn bringen muß, das ist das, was ich als den poeti=
schen Schwerpunkt empfunden habe. Daß das Weib
hier den Schluß herbeiführt, scheint mir keiner Recht=
fertigung zu bedürfen, und ist überdies schon in der
Zartheit der Leidenschaft begründet. Denn etwas so
Ungeheures darf das Weib wohl gewähren, der Mann
aber nicht fordern.

Gleichwohl habe ich für Sie einen besonderen
Schluß zurechtgemacht, der freilich christlich ebenso=
wenig passieren darf."

Den hier erwähnten Schluß finden wir bei der
Veröffentlichung des Gedichts, während er in der ersten
Fassung lautete:

> Sie warf in seine Arme sich,
> Sie hielt ihn fest umschlungen;
> Sie hätte mit dem grimmen Tod
> Um diesen Mann gerungen.
>
> Sie gab ihm ihren süßen Mund,
> Doch war sie bleich zum Sterben.
> Sie sprach: „So ist die Stunde da,
> Daß beide wir verderben."

Ein freundlicher Briefwechsel zwischen Eggers, Fontane, Kugler und Storm entspann sich nun während der kurzen Zeit, die dieser noch in Husum weilte.

„Daß wir Ihrer oft gedenken," schreibt ihm Fontane am 3. 3. 1853, „mögen Sie schon glauben. Sie traten gleichsam wie ein lieber Bekannter in unseren Kreis und sind seitdem nicht fremder geworden. Es heißt sehr oft: ‚Das wäre ein Stoff für Storm' oder ‚So talentvoll, aber was ihm fehlt, ist sozusagen das Stormsche'. Sie sind uns die Verkörperung von etwas ganz Besonderem in der Poesie und leben neben vielem andern auch als ein Gattungsbegriff bei uns fort."

Kugler und Fontane gründeten ein belletristisches Jahrbuch „Die Argo" und forderten Storm zur Mitarbeit auf. Er war gerade damit beschäftigt, „Ein grünes Blatt" in Hexameter umzuarbeiten. „Aber da es einmal in musikalische Prosa gefaßt ist," schreibt Storm an Fontane, „so bleibt es vielleicht besser so wie es ist." Er stellte Kugler und Fontane diese kleine Novelle für ihr Jahrbuch zur Verfügung, und sie wurde angenommen.

Im Herbste 1852 erschienen „Immensee" als Einzelausgabe bei Duncker in Berlin und die Gedichte in zierlichem Gewande, auf dem Umschlagdeckel mit einer fliegenden Möwe geschmückt in der Schwerschen Buchhandlung in Kiel. Beide Bücher kamen noch rechtzeitig auf den Weihnachtsmarkt und fanden namentlich in Hamburg zu Storms Freude gleich viele Abnehmer.

„Ich habe eben," schreibt der Dichter am 11. 9.

1852 an Brinkmann, „meinen Immensee durchgelesen. Ich weiß jetzt auch, worin sein Wert und seine Bedeutung liegen. Es ist eine echte Dichtung der Liebe und durch und durch von dem Dufte und der Atmosphäre der Liebe erfüllt. Von diesem Gesichtspunkte aus muß jede Beurteilung ausgehen.

Voll Vertrauen auf das Leben und mich selbst und durch das Dämmerlicht der Zukunft noch einmal wieder jung, komme ich heute zu Dir und lege die neue Ausgabe der Gedichte in Deine treue Hand."

Frau Constanze, die Kinder und die Poesie waren das Lichte, Helle in seinem Leben, vor dem selbst die dunkelsten Schatten weichen mußten. Hans blieb zwar ein Sorgenkind, aber Ernst war ein Bild der Kraft und Gesundheit. Wenn die Kinder im Garten auf ihrem Sandberge spielten, horchte Storm, still beglückt, auf den hellen Klang ihrer Stimmen. Selbst das „Löwe-Spielen" im Stockwerke über seinem Arbeitszimmer störte ihn nicht. Er beschäftigte sich viel mit den Kindern. Wenn dem jungen Herkules Ernst das Husumer Straßenpflaster nicht behagte, dann trug ihn der sorgsame Vater zur Freude seiner Mitbürger auf dem Arm nach der Hohlen Gasse zu den Großeltern, damit er dort sein Frühstücksei verzehre.

Ein anziehendes Bild von den Kindern im Garten zeigt uns Storm in einem Briefe an Eggers (27. 7. 1853):

„Ich sehe eben aus meinem Fenster in den Garten. Unter den niederhängenden Zweigen des Walnußbaumes, der vor dem Fenster steht, hindurch sehe ich auf ein sonnenbeschienenes Rasenfleckchen. Auf der einen Seite ist es von der Mauer des Hauses, auf der anderen von rotblühenden Himbeerbüschen eingefaßt. In diesem Rahmen und auf diesem Grunde spielen meine beiden ältesten Knaben Hans und Ernst. Aber während ich dieses schreibe, läuft mir die Staffage aus der Landschaft heraus und dekoriert wieder meine Stube."

Das Weihnachtsfest 1852 verbrachte Storm in Berlin.

„Die fremde Stadt durchschritt ich sorgenvoll,
Der Kinder denkend, die ich ließ zu Haus,"

wie es im Gedicht „Weihnachtsabend"[1] heißt.

„Noch immer sitze ich hier," schreibt der Dichter aus Berlin am 30. 12. 1852 an Freund Brinkmann, „und weiß nicht, wie ich loskommen soll. Vielleicht ist mein Schiff unter Segel, aber der Hafen, der mich möglicherweise erwartet, ist kläglich: 500, in kaum zu hoffendem Falle 600 Taler, wenn es überall gelingt, und davon noch Gott weiß wie viele Abzüge. Im höchsten Alter kann ich bei 1000 Talern anlangen, und die Stellen, worauf unsereiner zu hoffen hat, sind vorzüglich in Neuvorpommern, wo das Gemeine Recht gilt."

Erst im Juni 1853 fragte der Justizminister Friedberg an, ob Storm zur Erwerbung der nötigen Kenntnisse für den preußischen Staatsdienst bereit sei, bei einem Kreisgerichte einige Zeit, 6 Monate wenigstens,

---

[1] Bd. 8, S. 244/245.

ohne Gehalt zu arbeiten. Storm bejahte die Frage und versprach, sich im Juli dem Minister vorzustellen.

Er bat nun seine Berliner Freunde, ihm mitzuteilen, wo er in Berlin am besten wohnen könnte.

„Bei mir, verehrter Freund!" antwortete ihm darauf Eggers (22. 7. 1853). „Mein lieber Bruder, um dessentwillen ich auch meine jetzige Wohnung wieder etwas größer gemietet habe, hat mich schon seit dem 1. Mai verlassen. Da habe ich also in meinem Schlafzimmer ein Gastbette stehen und kann Ihnen auch für die Zeit Ihres Hierseins ein Wohnzimmer ganz einräumen. ‚An der Schleuse‘ wohnen Sie im Mittelpunkte der Stadt, nahe beim Museum, bei der Bibliothek, der Oper usw., nicht sehr weit von Fontane, sehr weit freilich von Kugler. Der ist leider doch den ganzen Juli in Dürkheim mit seiner Frau. Sie haben Wasser und Bäume vor der Tür, einen Ahorn, eine Kastanie, eine Pappel und zwei Linden; was wollen Sie mehr? Sehen Sie, so sieht es aus:

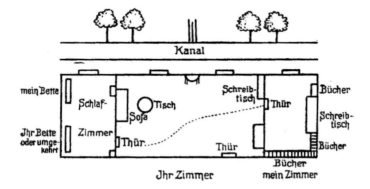

Morgens zwitschern die Sperlinge in den Bäumen, und abends unken die Frösche im Wasser mit aristophanischer Lust. Können Sie es — mitten in Berlin! — idyllischer verlangen?

Meine Wirtin kocht exzellenten Kaffee; der Schleusen-Kaffee ist berühmt unter meinen Bekannten. Stören soll Sie niemand. Ich gehe höchstens einmal auf leisen Sohlen den ⌣ angedeuteten Weg. Tagsüber halte ich ohnehin mein Zimmer fest verschlossen, es kommt niemand herein. Sehen Sie, auf diese Weise hätte ich auch etwas von Ihnen. Ich könnte doch beim Kaffee zwei Worte mit Ihnen reden. Sonst stecke ich so in Arbeit, daß ich schwerlich Zeit übrig finden würde, Sie aufzusuchen. So aber können Sie mich eher leichtsinnig machen, was ich mir gern gefallen lasse."

Vorläufig aber wurde nichts aus der Reise nach Berlin.

Am 18. 6. 1853 schrieb Storm an Brinkmann: „Zuerst, daß wir am 7. dieses Monats den dritten Jungen ins Haus bekommen haben. Nie haben wir der Ankunft eines Kindes mit solcher Furcht entgegengesehen, und niemals ist es so leicht und glücklich gewesen. Wir wollten freilich eine Lisbeth haben, und Ernemann hat auch mit dem Storch gescholten ...

Doch der Poet darf Dich nicht ohne Verse entlassen. Sie fielen mir im Mai aus den Zweigen in den Schoß:

> „Das ist die Drossel, die da schlägt,
> Der Frühling, der mein Herz bewegt;
> Ich fühle, die sich hold bezeigen,

Die Geister aus der Erde steigen.
Das Leben fließet wie ein Traum —
Mir ist wie Blume, Blatt und Baum."

Die Entscheidung über Storms Anstellung lag jetzt im Kabinett des Königs, und der Justizminister verständigte den Dichter dahin, noch eine besondere Benachrichtigung abzuwarten, wann er eintreten könnte. Woche auf Woche verrann nun in Hoffen und Harren. Aber Storm verlor den Mut nicht so leicht. „Glaubt nicht," schrieb er am 18. 8. 1853 an Brinkmann, „daß ich im geringsten niedergeschlagen bin. Es ist die heiterste, blaue Luft in unserem Hause, die Ihr finden könnt, freilich wird, wenn die Zeit des Scheidens kommt, der Schmerz nicht ausbleiben."

Im Herbste 1853 ging Storm noch einmal nach Berlin und wohnte bei Kugler, da Eggers zu der Zeit in Nürnberg weilte. Nachdem er die Zusicherung erhalten, als Justizbeamter angestellt zu werden, kehrte er nach Hause zurück, um seine Sachen zu packen und mit Frau und Kindern von der geliebten Heimat Abschied zu nehmen. Das Haus wurde vermietet, und er ging mit seiner Familie zu den Eltern nach Segeberg, um dort die Königliche Order abzuwarten, die ihm seinen künftigen Bestimmungsort anweisen würde.

„Es ist an Sommerabenden, namentlich bei Sonnenuntergang, hier so schön," schreibt Storm in Abschiedstimmung an Fontane, „daß mir, dem hier Geborenen, schwerlich die köstlichste Gegend jemals meine Meeresküste würde ersetzen können."

In einem späteren Briefe heißt es: „Hätte ich

Sie mit Ihrem Jungen hier, so würde ich Sie gleich mit hinaus auf den Deich nehmen, um Seekrebse zu fangen. Auf unserem Deich ist, denk' ich, noch ganz andere Luft für Sie wie in Italien, sie ist trinkbar und kühl."

An einem klaren Herbsttage im Oktober war die Abschiedsstunde unabweisbar gekommen. Wie der Dichter sie erlebte, sagt uns das vom tiefsten Schmerze erfüllte Gedicht „Abschied", in dem er uns einen Blick in sein Herz und sein Empfinden tun läßt:

Kein Wort, auch nicht das kleinste, kann ich sagen,
Wozu das Herz den vollen Schlag verwehrt;
Die Stunde drängt, gerüstet steht der Wagen,
Es ist die Fahrt der Heimat abgekehrt.

Geht immerhin — denn eure Tat ist euer —
Und widerruft, was einst das Herz gebot;
Und kauft, wenn dieser Preis euch nicht zu teuer,
Dafür euch in der Heimat euer Brot!

Ich aber kann des Landes nicht, des eignen,
In Schmerz verstummte Klagen mißverstehn;
Ich kann die stillen Gräber nicht verleugnen,
Wie tief sie jetzt in Unkraut auch vergehn. —

Du, deren zarte Augen mich befragen, —
Der dich mir gab, gesegnet sei der Tag!
Laß nur dein Herz an meinem Herzen schlagen
Und zage nicht! Es ist derselbe Schlag.

Es strömt die Luft — die Knaben stehn und lauschen,
Vom Strand herüber bringt ein Möwenschrei;
Das ist die Flut! Das ist des Meeres Rauschen;
Ihr kennt es wohl; wir waren oft dabei.

Von meinem Arm in dieser letzten Stunde
Blickt einmal noch ins weite Land hinaus,
Und merkt es wohl, es steht auf diesem Grunde,
Wo wir auch weilen, unser Vaterhaus.

Wir scheiden jetzt, bis dieser Zeit Beschwerde
Ein andrer Tag, ein besserer, gesühnt;
Denn Raum ist auf der heimatlichen Erde
Für Fremde nur und was den Fremden dient.

Doch ist's das flehendste von den Gebeten,
Ihr mögt bereinst, wenn mir es nicht vergönnt,
Mit festem Fuß auf diese Scholle treten,
Von der sich jetzt mein heißes Auge trennt! —

Und du, mein Kind, mein jüngstes, dessen Wiege
Auch noch auf diesem teuren Boden stand,
Hör' mich! — denn alles andere ist Lüge —
Kein Mann gedeihet ohne Vaterland!

Kannst du den Sinn, den diese Worte führen,
Mit deiner Kinderseele nicht verstehn,
So soll es wie ein Schauer dich berühren
Und wie ein Pulsschläg in dein Leben gehn!"

Namentliches und sachliches Verzeichnis
(Die Zahlen bezeichnen die Seiten)

Adolf I., Herzog 31, 86.
Amberg 84.
Augustenburg, Herzog von, 192.
B., Berta von 149—157.
Becker 123.
Behrens 169.
Beseler 88.
Beyer, Kanzler 15.
Biernatzki, Johann Christoph 114, 142.
— Karl Leonhard 142, 143.
Blesson 210.
Bokelmann, Rektor 85.
Brick, Tante 158, 184, 185.
Brinkmann 191, 196, 199, 202, 204, 214, 215, 217.
Brüggemann, Hans 30.
Bürger 92.
Burchardi, Professor 131.
Carstens, Hans 16, 80.
— Gretchen, geb. Storm 16, 17, 79.
Chamisso 107, 112.
Christian VIII., König 22, 82.
Christiansen 96.
Classen, Lehrer 105—107.
Claus, Ernst Rudolf 15.

Claus, Johann Casimir 14.
— Brigitta Cäcilia, s. Storm, Brigitta Cäcilia.
Clausen, Schreiber 70.
Curtius, Ernst 109, 123.
— Georg 109.
Delius 137.
Deller, Professor 131.
Detlev, Kutscher 169, 196, 205.
Duncker, Alexander 198, 200.
— Hermann 129.
Eckermann 165.
Eggers, Friedrich 208, 209, 213, 214, 216, 218.
Eichendorff 109, 130.
Esmarch, Zollverwalter 19.
— Ernst 19, 40, 41, 43, 169, 172, 173, 178, 181, 194.
— Elsabe, geb. Woldsen 19, 37, 40, 41, 173, 174, 189.
— Constanze, s. Storm, Constanze.
— Maria (Salomon) 175.
— Fräulein C. 164.
— Hermann 176.
— Sophie 182.
— Lolo 182.
— Lotte 182.

Fabricius, Subrektor 85.
Falk, Professor 131.
Fedderfen, Elfabe (Urgroßmutter) 37, 38.
— Magdalene, f. Woldfen, Magdalene.
— Jochim Christian 15, 37, 38, 39, 52.
— H. 165.
— Fr. 165.
— Propst 203, 205.
— Räthe 203.
Fike, Holten 73.
Fontane 208, 213, 216, 218.
Forchhammer 88.
Fouqué 107.
Friedberg, Minister 215, 217, 218.
Friedländer, Geheimrat 207.
Friedrichsen, Rektor 85, 95, 101, 102.
Geibel, Pastor 108.
— Emanuel 107, 109, 118, 123, 125, 126, 128, 129, 136, 146.
Gleis 123.
Goethe 92, 109, 130, 178.
Groth, Claus 201.
Grubbe 115.
Gurlitt, Bürgermeister 29.
Häring (Willibald Alexis) 115.
Hansen, S. J. 165.
Haupt, Professor 32.
Heine 110, 111, 130.
Hetsch 141.
Heyse, Paul 198, 208.
Hitzig 115, 208.
Hölty 92, 108, 137.
Hoffmann, E. T. A. 208.
Jacob, Direktor 102—104, 106.
Jakobsen, A. Ch. 95.

Jensen, Wilhelm 45, 106.
— Senator 136, 168, 181.
— Otto 135.
— Friederike 136, 164, 169, 171, 176, 181.
— Dorothea 136.
Jessen, Lehrer 85, 91.
Klander 138.
Koch, Buchhändler 93.
Koopmann 138.
Krogh, Kammerherr von 166.
— Fräulein A. von 164, 167.
— — C. von 164.
Kugler, Franz 115, 129, 208, 209, 213, 216.
Kuh, Emil 131.
Kuhlemann, Konrektor 85.
Kuhlmann, Dr. 189, 198, 205.
Lesser 210.
Levetzow, Amtmann von 20.
Likdoorn, Peter 60.
Litzmann 105, 110, 124.
Lorenzen, Abgeordneter 22.
— Baumeister 181, 183.
— Helene, geb. Storm 41, 55, 135, 162, 165, 169, 176, 177, 181, 183, 188, 190.
Lübker 96, 138.
Lüders, Bürgermeister 167, 168, 169.
— Frau 168.
— Schüler 88.
Mantels 109, 128, 136.
Mehlbüdel, Jürn 73.
Meisterlin 138.
Merkel 208.
Meyler 165.
Milde, Maler 128.
Möddeln, Marieken 78.

Mörike 21, 75, 130, 140, 141, 146, 202.
Mommsen, Theodor 138, 139, 142, 143, 145, 146.
— Tycho 138, 139, 142, 145, 146.
Müllenhof 139, 143.
Niebuhr 109, 120, 207.
Nölting, Konsul 128.
— Frau 128, 129.
Nossen 95.
Ohem, Marquard 82.
— Lene, geb. Storm 79, 81.
— Fritz 81.
Ohlhues, Pastor 171.
— 100, 101, 123, 171.
Pietsch, Ludwig 127, 135.
Pingel, Jasum 71, 72.
R., Therese 148, 152, 155.
Räuber, Hans 49.
Röse 107, 108, 114, 115—118, 120—125, 128, 137, 139, 146.
Runtum, Peter 71, 72.
Sahr 165.
Schärer 108.
Scherff, Kaufmann 148.
— Frau 148.
Schiller 92.
Schmidt, Hans 71.
— R. 165.
— Fräulein 164.
Schröder-Devrient 138.
Schütze, Paul 8.
Schnythe, Postmeister 165.
— Frau 164.
Seidelmann 115, 137.
Seume 108.
Sievers, Marx 81.
Specter, Otto 201.

Stemann 88.
— Frau 162.
— Fräulein 164.
Stifter, Adalbert 201.
Storm, Hans, Großvater des Dichters 13, 14.
— Bruder Johann Casimirs 75, 79.
— Heinrich, Bruder Johann Casimirs 83.
— Brigitta Cäcilia, geb. Claus 14.
— Johann Casimir 13, 15, 22, 24, 83, 131, 135, 169, 172, 177, 184, 190, 195, 214.
— Gude, Schwester Johann Casimirs 83.
— Gretchen, s. Carstens, Gretchen.
— Lene, s. Ohem, Lene.
— Lucie, geb. Woldsen 15, 19, 36, 49, 164, 172, 184.
— Constanze, geb. Esmarch 7, 169, 170, 171, 174, 175, 176, 177, 180, 187, 189, 189, 190, 194, 198, 199, 203, 214.
— Johannes 55, 100, 169, 170, 176, 181, 203.
— Otto 55.
— Emil 55, 160, 183.
— Helene, s. Lorenzen Helene.
— Cäcilie 55, 160, 183.
— Lucie, Schwester des Dichters 55, 56, 128.
— Jürgen 83.
— Hans, Sohn des Dichters 195, 205, 206, 214.
— Ernst, Sohn des Dichters 180, 205, 206, 214.
— Karl, Sohn des Dichters 217.
— Theodor.

Werke.

Martha und ihre Uhr 144, 158.
Im Saal 144, 158.
Immensee 137—138, 140, 144, 157, 198, 200, 213, 214.
Posthuma 198.
Ein grünes Blatt 198, 213.
Stein und Rose (Hinzelmeier) 144, 198.
Von Jenseit des Meeres 157.
Bötjer Basch 62, 91, 93.
Carsten Curator 57, 58.
Sommergeschichten und Lieder 200, 201, 208.
Schneewittchen 177.
Schimmelreiter 58, 59.
Renate 30.
St. Jürgen 28, 31.
Aquis submersus 59.
Unter dem Tannenbaum 63, 64.
Heimkehr 87.
Der Herr Etatsrat 147.
[handwritten note] 209—212
Strodtmann, Kollaborator 85.
Stuhr, Nikolaus 37, 40.
— Magdalene, geb. Woldsen 21, 37, 40, 174.
Tast, Hermann 31, 85, 96.
Tendler, Joseph 61.
Thibaut, Professor 19.
Thomas, Kutscher 65, 70, 169.

Thomas, Frau 169.
Tichatchek 138.
Tieck 92.
Trina von Hockensbüll 169.
Uhland 92, 108, 109.
Voß, Johann Heinrich 19, 20, 40.
— Magnus 30.
Wagner, Maler 134, 145.
Wattenbach 109, 123.
Wies, Lena 26, 54.
Wiese, Dr. 105.
Woldt Nommersen 15.
Woldsen, Ingwer oder Ingward 15.
— Christian Albrecht 15.
— August Friedrich 15.
— Friedrich 21, 41, 52.
— Simon 20, 21, 33, 36, 41, 42.
— Tante Fritzchen 159.
— Magdalene geb. Feddersen 20, 37, 42, 44, 45, 52, 53, 58, 135, 160, 174, 183, 194, 195, 205.
— Ingwer (Weihnachtsonkel) 63, 65, 66, 68, 70.
— Magdalene, s. Stuhr, Magdalene.
— Elsabe, s. Esmarch, Elsabe.
— Lucie, s. Storm, Lucie.
Zöllner 208.

Beilage 1.

Hans Theodo[r]
* 14. 9.
† 4. 7. 188[

Johann Casimir Stor[m
Rechtsanwalt und Notar in Hu[sum
* 26. 4. 1790 in Westermühle[n
† 15. 9. 1874 in Husum.

Hans Storm III.
Erbpachtmüller in
Westermühlen
* 10. 5. 1739 in Westermühlen
† 27. 11. 1820 in Westermühlen

Brigitta
Cäcilia Claus
* 14. 12. 1759 in Hohn
† 24. 5. 1823 in Westermühlen

Hans Storm II.
Erbpachtmüller in
Westermühlen
* 1693 in Westermühlen
† 12. 7. 1766 in Westermühlen

Eva Sievers
* 1705 in Elsdorf
† 2. 10. 1765 in Westermühlen

Johann
Casimir Claus
Pastor in Hohn
* 21. 10. 1729 in Moringen (Hannover)
† 26. 8. 1796 in Hohn

Katharina
Gude Ambers
* 1737 in Burkau
† 1. 10. 1798 in Hohn

Hans Storm I.
Erbpachtmüller in
Westermühlen

Margareta Theden

Ernst Rudolf Claus
Lizentiatabjunkt, demnächst
Amtseinnehmer in Moringen
(Hannover)

Simon [
Kaufherr und
in [
* 8. 3. 169[
† 21. 1. 176[

...ldfen Storm
17 in Huſum
n Hademarſchen

Lucie Woldſen
* 23. 7. 1797 in Huſum
† 28. 7. 1879 in Huſum

Simon Woldſen II.
Kaufherr und Senator in Huſum
* 2. 12. 1754 in Huſum
† 9. 10. 1820 in Huſum

Magdalena Fedderſen
* 3. 8. 1766 in Huſum
† 11. 7. 1854 in Huſum

drich Woldſen
fherr und Senator in Huſum
11. 1725 in Huſum
1. 1811 in Huſum

Lucia Peterſen
* 6. 2. 1730 in Flensburg
† 7. 3. 1806 in Huſum

Jochim Chriſtian Fedderſen
Kaufherr und Senator in Huſum
* 12. 10. 1740 in Huſum
† 21. 1. 1801 in Huſum

Elſabe Thomſen
* 16. 4. 1741 in Huſum
† 4. 3. 1829 in Huſum

dſen I.
germeiſter
Huſum
Huſum

Ingeborg Jenſen
* 28. 4. 1695 in Huſum
† 21. 9. 1727 in Huſum

Berend Fedderſen
Kaufherr und Senator in Huſum

Chriſtina Juliana Horn
aus Schweden